어제의 당신은 사랑과 이해의 향기였습니다.
오늘, 화내지 않는 당신의 웃음은 삶의 활력입니다.
당신이 가꾸는 화사한 내일의 꿈을 믿습니다.

당신은 너무 소중한 사람입니다.

_____ 님께

마음을
다스리는
명상

미지의 내일과 나를 찾아 떠나는 여행

마음을
다스리는
명상

인드라 초한 지음 | 장운갑 편역

경성라인

이 책은 인도의 음유시인이자 명상가인 인드라 초한의 삶의 철학, 삶의 지혜를 들려주는 것으로 명상과 사유(思惟)를 통해 삶의 본질을 추구하는 향기가 물씬 풍기는 짧은 이야기들이지만 그 속에 숨겨진 참된 진리의 세계는 넓고도 깊다.

21세기를 살아가는 우리는 과연 어떻게 살아야 하는가? 사실 우리는 이 물음에 대한 답을 다 알고 있다고 생각한다. 남을 신뢰하며 바른 마음을 가지고 살아야 한다고.

하지만 현실은 어떠한가? 남을 의심하고 그것 때문에 더욱 스스로에게 고통을 주고 있다. 진리를 알고는 있지만 일상의 바쁜 틈바구니 속에서 그 진리를 잃어버리고 목말라하고 있는 것이다.

이 책은 모두 10장으로 구성되어 있으며, 각 장마다 삶의 원초적이고 가장 기본적인 사랑, 지혜, 가능성, 성공, 미래, 인생, 마음, 인격, 운명, 행복 등 살면서 순간순간 느꼈지만, 구체적인 언어로 표현하지 못한 이치를 발견하는 기쁨이 곳곳에 숨어 있다.

뿐만 아니라 누구나가 공감하며 바로 이런 것이로구나 하고 스스로 깨닫게 된다. 아울러 이 책은 지혜로운 삶을 살기 위해서는 베풀고 사랑하고 용기와 희망을 가지고 역경을 이겨내야 한다고 역설한다. 그리고 무엇보다도 모든 것으로부터 배우고 양심에 따라 행동하고, 당연한 일에 시기하고 미워하지 말아야 한다고 이야기한다.

이 책에서 저자는 "여러분이 재미있는 일을 담당하고 있는 사람에게 확인해 보면 일이 재미있는 것이 아니라 그 사람이 일을 재미있게 만든다는 사실을 알게 될 것이다.

아이디어를 내고 궁리를 하는 한 일은 언제나 재미있다. 재미없는 이유는 아이디어를 내지도 궁리를 하지도 않기 때문이다. 일이 아니라 여러분의 마음과 태도가 매너리즘에 빠졌기 때문이다."라고 말했다.

이 책에 있는 문장을 읽다 보면 뜻밖에 한 줄기 빛을 만날 수도 있다. 바로 '삶의 이치'를 깨닫기 때문이다. 삶이란 짧은 몇 마디에도 변할 수 있다. 중요한 것은 실천이다. 이 책을 읽고 매일 한 가지만 마음에 담고 실천해도 삶은 긍정적인 방향으로 흘러갈 것이다.

덧붙여 이 책의 저자인 인드라 초한은, 인간은 자연과 대립하는 것이 아니라 자연 속에서 그 자연의 은혜

11

를 듬뿍 받으며 살고 있다고 강조하며 이 대자연의 법칙에 순응하는 한 누구에게나 인생은 열린다고 하였다.

　대자연의 법칙은 그렇게 어려운 것이 아니며 당연한 일을 당연하게 하는 것이 대자연의 법칙에 따른 삶이라고 하여 세계의 최고봉은 '정복'하는 것이 아니라 '자연과 일체'가 되는 것이라고 하였다.

　아울러 이제 인류는 지구의 생명까지도 좌우할 수 있을 정도로 큰 능력을 갖게 되었지만 숭고한 대자연을 조절하기에는 인간의 지혜는 너무나 천박하고 보잘것없는 나약한 존재여서 스스로를 낮추고 겸허하게 살며 행복에 이르는 길을 제시하였다.

일견 쉬워 보이고 너무 보편적인 이야기라고 생각하기 쉽지만 그렇기 때문에 더욱 가슴으로 다가오는 이야기이다.

이 책을 읽을 때는 모든 내용을 소설책 읽듯이 단숨에 읽지 말기를 당부하고 싶다. 한 장 한 장의 내용을 가슴으로 받아들인다면 의식 밑바닥에 잠겨 있는 진실한 자아를 찾도록 도와줄 것이다.

편역자

사랑

스스로를 매우 좋아하는 사람은

이미 행복의 반을

얻은 것과 같다.

나머지 반은

주위에 있는 모든 것을

사랑하면 된다.

말은 단순한 소리가 아니며,
말하는 사람의 됨됨이와
인간성을 나타내는 척도이다

'말 한 마디가 사람을 살리기도 죽이기도 한다.'

우리가 평소에 아무 생각 없이 하는 말이 남에게 상처를 주기도 하고 혹은 용기를 주기도 한다.

때로는 말 한 마디가 절망에 빠진 사람에게 희망의 빛이 되기도 하고, 이와는 반대로 무심코 던진 말이 상대방의 마음에 깊은 상처를 내기도 한다.

생각 없이 한 말이 당사자에게 용기를 준다면 다행이겠지만 실제로는 상처를 주는 경우가 많다.

인간은 자기도 모르는 사이에 말로써 타인을 죽이기도 하니 참 죄 많은 동물이다.

사람들은 늘 남이 자기를 어떻게 평가하는지 의식하

며 살고 있다. 그래서 타인의 말이 심장을 찌르는 칼날이 되기도 한다. 당신도 남의 말 한 마디에 기분이 나빴거나 괴로웠던 일을 여러 번 겪었을 것이다. 그렇다고 말을 내뱉기 전에 '내 한 마디가 저 사람에게 상처를 주지는 않을까.' 하고 신중히 생각하며 말하는 사람은 없을 것이다. 현대는 그렇게 여유 있는 시대가 아니기 때문이다.

그러나 우리는 적어도 가족, 이웃, 친척들 혹은 약한 사람들에게는 평소 상대를 존중하는 말을 쓰도록 훈련할 필요가 있다.

말은 단순한 소리가 아니며, 말하는 사람의 됨됨이와 인간성을 나타내는 척도이다. 착한 사람은 좋은 말을 쓰고 악한 사람은 본성을 속이려 해도 그 말로써 알 수 있는 것이다.

우리는 같은 값이면 말로써 절망에 빠진 이에게 희망을 주고 방황하는 사람에게 용기를 주고 싶어 한다.

사람은 말로써 힘을 얻고 성장하며, 따뜻한 말을 듣고 자란 사람은 늘 인생을 적극적으로 받아들이는 지혜를 가진다.

진심에서 우러나온 말은 좋은 주사나 약보다 훌륭하게 사람의 마음을 치유한다.

사람이 제일 불행할 때는
자신을 필요로 하는 이가
없다고 느낄 때이다

'얼마나 사랑하느냐?'

'얼마나 사랑받느냐?'

사랑은 잴 수 없을 뿐만 아니라 그 깊이 또한 측량할
수 없다. 사랑은 절대적이기 때문이다.

남녀 간의 사랑이든 가족의 사랑이든 인류애이든, 사
랑은 말이나 형식이나 동작으로 나타나지 않는다.

사랑은 그 자체가 존재이다.

혼수상태에 빠져 있던 부모가 숨을 거두면 자식들은
슬퍼한다. 그것이 인간이다. 비록 부모가 무의식상태에
있어도 자식들은 그저 숨 쉬고만 있는 부모의 존재에
애정을 갖고 있었던 것이다.

인간에게 가장 큰 불행은 굶주림, 질병, 전쟁, 살육이 아니다.

사람이 제일 불행할 때는 자신을 필요로 하는 이가 아무도 없다고 느낄 때이며 자신을 사랑하는 이가 아무도 없다고 생각할 때이다. 또한 자신이 아무에게도 도움이 되지 못한다고 여길 때이다.

이때 인간은 가장 큰 불행을 경험한다.

이 세상에 태어난 사람은 누구나 귀중한 존재이다.

우주의 사랑은 사람 사이의 애정 혹은 인간이 삼라만상에게 주는 애정과 그 뿌리가 같다. 애정은 상대에게 주고 기뻐하는 마음이다.

우리는 목적을 띠고 창조되었다.

그것은 사랑을 주고받는 것이다.

'사랑한 만큼 사랑받고 싶다.'

이는 욕심쟁이다.

인간은 독점욕을 지니고 있다. 인간은 만족을 모르는, 이상한 동물이기 때문에 무엇이든 결코 만족할 수 없다.

이 점이 상대방에게 정신적으로나 육체적으로 부담을 준다는 사실을 아는 이는 거의 없다. '사랑을 주고 있다.'고 생각한다면 이는 커다란 착각이고, 실은 빼앗기만 했다는 사실을 알지 못하는 것이다.

사랑은 투자가 아니다. 물론 정기적금도 아니다.

사랑은 '전부를 잃어도 괜찮다.'고 할 만큼 강하다. 자신은 전부 잃어도 좋지만 상대를 희생시키지 않으며 또한 상대를 배려하고, 상대를 파멸시키지도 않는다.

사랑은 보답을 바라지 않고, 주고 또 준다.

자식을 열심히 공부시켜서 대학에 보내는 일만이 과연 사랑일까. 아이가 진심으로 바라는 일이라면 괜찮다. 그러나 자녀 교육이 당신의 자존심을 지키기 위한 것이라면 그것은 사랑이 아니라 투자일 뿐이다.

자기의 꿈이나 장래 계획을 희생시켜도 자녀의 희망이나 목표를 이루도록 도와주는 일이 사랑에 더 가까울 것이다.

사랑으로 시작했지만 언젠가는 투자로 바뀔지 모르는 일이다.

사랑의 반대쪽에 위치하는 것은 과연 무엇일까?

그것은 결코 미움이나 증오가 아니다.

사랑과 미움은 동전의 양면과 같다. '사랑이 지나쳐 죽도록 증오한다.'라는 말은 사랑과 미움이 뿌리가 같음을 지적하고 있다.

사랑의 반대에 위치하는 것은 무관심이다.

자신과는 관계가 없다고 단정하는 일, 이것이 무관심이다.

무관심은 무시와는 다르다. 무시는 증오에 가까운 것으로 사랑의 변형이며, 무관심이라는 것은 의식이 거기에 없는 것, 생각조차 없는 것이다.

이웃의 땀과 눈물, 고심, 고생, 고민, 분노 그러한

모든 일에 귀를 기울이려 하지 않는 일, 이것이 무관심이다.

지구상에는 아직도 많은 지역에서 전쟁이 행해지고 있다. 여러 곳에서 굶주림이나 자연재해도 발생하고 있다.

그것을 먼 나라의 사건, 혹은 남의 일이라고 생각하는 사람이 있는 한 이 세상에서 전쟁이나 기아가 근본적으로 사라지지는 않을 것이다.

그것은 이 세상에서 일어나는 모든 일들이 서로 연결되어 있기 때문이다. 이웃 나라에 큰 지진이 발생했기 때문에 우리나라에 지진이 일어나지 않았던 것이다.

세상 사람들은 서로 의지하고 도와야 한다. 모든 사람이 자신일 수 있으며 타인의 불행이 언제 나에게 덮칠지도 모른다.

우리 각각은 살아 있는 한 누군가에게 폐를 끼치고 있는 것이다. 또 누군가를 보살피고 있기도 한다.

세상의 모든 현상은 작용 · 반작용이다.

밀면 안 밀리려는 힘이 생기고 당기면 안 끌려오려는 힘이 있다.

이것은 물리학뿐만 아니라 사물의 원리이기도 한다.

예를 들면 선진국은 개발도상국인 인도나 동남아시아, 혹은 아프리카나 남미 등의 자원을 착취했다. 금, 은, 석유 등의 천연자원뿐만 아니라 아프리카 사람들을 신대륙에 노예로 팔아먹는 등 인간자원도 착취했다.

그런데 지금은 개발도상국의 빈민층이 이전의 식민 종주국으로 이민하고 있다. 선진국 정부는 그들을 몰아내려 하지만 영주권을 줄 생각은 없다.

그들은 저개발국가로부터의 대량 이민에 불안해하면

서 조치를 취하고 있지만 그 어떤 조치도 현재의 대량 이민추세를 거스르기에는 역부족이다.

현재의 이민문제는 서구 열강들이 식민지를 착취한 결과이기 때문이다.

애초의 원인을 만든 것이 누구인가?

빼앗으면 빼앗기는 법이다. 미워하면 미움을 받게 되고 의심하면 의심받게 되는 것이 인간사회의 원리이다.

그 반대논리도 역시 진리이다.

주면 받게 된다. 사랑하면 사랑받게 되고 믿으면 신임받게 된다.

'사촌이 땅을 사면 배가 아프다.'라는 말이 있듯이 사람은 누구나 마음 한구석에 남의 성공을 부러워하거나 남의 실패를 바라는 마음을 가지고 있다. 그러나 이런 마음을 겉으로 드러내거나 말해 버리는 수가 종종 있다.

표현을 한 후에 자신이 매우 비열했다고 여기고 자포자기하거나 낙담하기도 한다. 그런 마음을 행동화하지 않으면 좋은데 사람이란 그렇게 논리적으로만 움직이는 동물은 아니다.

당신도 그런 경험을 가지고 있을 것이다.

인간이란 본래 그런 존재라고 여겨진다. 사람이 질투, 선망, 분노, 배신, 모략의 감정을 나타내는 것은 솔직한 것이다.

마음 깊이 있는 것을 처음부터 부정할 필요는 없다.

세상에 성인군자는 없으니까 말이다.

문제는 그런 감정을 실제 표현하는가 하지 않는가의 차이일 뿐이다.

부러우면 마음껏 부러워하고 마음껏 남이 실패하기를 바라도 괜찮다. 자신이 그런 비열한 마음을 지녔다는 것을 인정하고 그것까지도 사랑해야 한다.

그리고 나서 주위 사람들도 당신과 비슷한 감정을 지닌 인간이라는 것을 인식해야 한다.

그러면 주위 사람들을 모두 사랑할 수 있게 된다. 타인을 사랑하게 되면 질투심도 사라지고 남이 실패하는 것을 바라지도 않게 된다.

인도의 캘커타에는 1천2백만 명의 사람들이 살고 있
다. 그중 노상 생활자가 40만 명을 넘는다고 한다. 하지
만 정확한 숫자는 아무도 모른다.

　그 많은 사람들이 의사의 보살핌이나 아무런 도움도
받지 못한 채 길거리에서 짐승처럼 죽어간다.

　많은 사람들이 영양실조에 걸려서 쥐나 개미를 먹기
도 하고 온몸에 난 상처에서는 고름이 나온다.

　불행하게 버림을 당한 사람들을 보고 '그들은 내세에
환생하기 위하여 현세에서 카르마(숙명)를 벗어나려는
것이다.'고 말하는 사람도 있다.

　힌두교는 카르마를 믿는 종교이다. 인간은 죽으면 저
세상으로 가서 다시 돌아온다. 선행을 많이 한 사람은

훌륭한 인간으로 다시 태어난다. 악행을 저지른 사람은 인간으로 환생하지 못하고 저급한 짐승이 된다는 인과응보를 가르친다.

카스트 사회는 인과응보의 윤회사상을 기반으로 유지되어 왔다.

이승에서 가난하고 괴로워도 좋은 일을 하면 내세에서는 행복한 사람으로 태어날 수 있다는 생각이다. 이같은 인과응보의 윤회사상은 이 세상에 대한 포기와 복종을 가르친다.

노상 생활자는 거지로 살아갈 수밖에 없다.

그래서 그들 중에는 자신의 아기가 태어나자마자 '장차 거지로 살아가는데 유리하도록' 아기의 다리나 팔을 모두 잘라 버리는 자도 적지 않다.

게다가 주위 사람들이나 관광객들의 동정을 불러일으키려고 일부러 더 비참한 모양으로 자신의 자녀를 불구로 만든다. 그들에게는 죽고 사는 문제이기 때문이다.

이것을 부모의 사랑이라고 할 수 있는가? 무지몽매한 것만큼 슬픈 일은 없다.

〔8〕
가족이 건강하다는 것,
그것만으로도
우리는 행복하다고 감사해야 한다

가족 중 한 사람이 아프더라도 그것으로 인해 가족들이 사랑으로 뭉치게 되었다면 감사해야 한다.

가족이 건강하다는 것, 그 이상의 행복은 없을 것이다. 그 이상의 것을 바라는 것은 지나친 욕심이다.

사람은 누구나 불안이나 고민을 안고 살아간다.

그것이 일이나 사업, 혹은 출세 등 세속적인 것이라면 문제가 없지만 불치병을 앓는 가족이 있을 경우 자신의 생활은 크게 제약받게 된다.

항상 가족의 건강상태를 고려하여 출장이나 여행을 결정해야 하고 때로는 중요한 약속을 지키지 못하게도 된다.

가족 중에 건강치 못한 사람이 있으면 그것만으로도 장애가 되는 것이다. 가족 모두 건강하다면 그것만으로도 행복의 절반은 얻은 것이다.

가족들이 건강하여 걱정 없이 마음껏 활동할 수 있으므로 감사해야 한다. 더 이상 무엇을 바라겠는가?

그러나 가족 중 한 사람이 아프다면…… 그 덕분에 오히려 그 가정은 아픈 사람을 중심으로 단단히 결속할 수 있다.

그 가정은 식구들에게 사랑이라는 것이 어떤 것인지 가르칠 필요가 없다. 이미 모두 알고 있기 때문이다.

가정이 사랑으로 충만해 있는 것만큼 정신적인 안정을 주는 일은 없다. 몸이 약한 사람이 있으므로 자연스럽게 사랑의 가정을 이룰 수 있게 된 점에 감사해야 한다. 불평하거나 불만을 가짐으로써 가정을 어둡게 하지 말아야 한다.

그 사람이 싫은 이유는 그를 잘 알려고 하지 않기 때문이다.

상대방의 사고방식이나 인간성, 더 나아가 가족관계까지 알게 되면 이 세상에 미워할 사람은 한 사람도 없을 것이다.

인간은 스스로 좋고 싫음의 감정에 따라서 행동하는 존재이다.

그러나 이 감정은 일정하거나 변하지 않는 것은 아니어서 조건이 달라지면 완전히 바뀌기도 한다.

예를 들어 당신이 싫어하는 사람이 있다고 하자. 당신은 그의 부탁이나 지시, 명령 따위는 절대 듣고 싶지 않을 것이다. 이유는 그 사람이 싫기 때문이다.

그러면 싫어하게 된 까닭은 과연 무엇일까?

그 사람이 자기 실수를 당신의 책임으로 떠넘긴다거나 지시가 수시로 바뀌고, 혹은 언제나 이런저런 일로 시비를 거는 등등 여러 가지 이유를 들 수 있다.

그러나 곰곰이 생각해 보면 반드시 진짜 이유가 있을 것이다.

사람은 누구나 다소간 괴로움이나 고민을 안고 살게 마련이다. 수완 있는 사업가나 경영자들도 사실은 돈 문제로 고생하고 있거나 집안 식구 중에 환자가 있는 등 여러 가지 고민을 안고 있다.

어떤 사람은 아침에 출근할 때 열이 높아지고 아프기 시작한 아이 때문에 고민이 되어서 기분이 나쁘고 주위 사람들을 배려하지 못하는지 모른다.

그러나 그 사정을 알면 싫은 사람이나 상대하기 어려운 사람은 없을 것이다.

사람이 싫거나 상대하기 어려운 까닭은 마음속에 스스로 울타리를 만들기 때문이며, 이 마음의 벽을 허물게 되면 백 년간 싸워온 원수사이라도 서로 마음을 터놓고 얘기할 수 있다. 사람은 그런 것이다.

어떤 인물에 대한 평가도 정이 좌우하는 것이다.

대자연의 법칙에 순응하는 한
누구에게나 인생은 열린다

아름다운 자연에 감동하지 않는 사람은 없다.

하지만 아름다움을 창조하신 신의 위대함에 감동을
느끼는 사람은 얼마나 있겠는가.

비행기에서 내려 낯선 이국의 도시에 가게 되면 긴장
하게 마련이지만, 자연이 살아 숨 쉬는 시골은 아직도
넉넉하다. 세계 어느 나라 어느 곳을 가더라도 자연은
살아 있다. 목이 마르면 과일을 나누어 받을 수 있고 천
연 벌꿀도 듬뿍 받을 수 있다.

브라질, 아르헨티나의 이구아스 폭포, 미국의 요세미
트 공원 등 일상을 넘어선 대자연의 품에 안기면 우주
속에 살아 있는 자아를 확실히 체험할 수 있다.

인간은 자연과 대립하는 것이 아니라 자연 속에서 그

자연의 은혜를 듬뿍 받으며 살고 있는 것이다.

이 대자연의 법칙에 순응하는 한 누구에게나 인생은 열린다.

대자연의 법칙은 그렇게 어려운 것이 아니다.

당연한 일을 당연하게 한다, 이것이 대자연의 법칙을 따른 삶이다.

세계의 최고봉은 '정복'하는 것이 아니라 '자연과 일체'가 되는 것이다. 거기에는 인간의 교만이나 오만은 있을 수 없으며 대자연 속에 안긴 작은 존재로써의 인간만을 볼 수 있다.

대자연 속에서 한 인간은 미력한 존재일 뿐이지만 이제 인류는 지구의 생명까지도 좌우할 수 있을 정도로 큰 능력을 갖게 되었다.

그러나 숭고한 대자연을 조절하기에는 인간의 지혜는 너무나 천박한 것 같다.

대자연의 창조주에게 겸손하게 머리를 숙이고 이 아름다움을 창조하신 그분의 위대함을 찬양할 필요가 있다.

지혜

역경은

삶에 강력한 활력을 제공한다.

빚을 진 덕분에 일이 잘되어

사회에 유익한 업적을 남기는

사람이 많다.

빚도 일종의

에너지가 되는 것이다.

〔1〕

지혜와 지식의 차이는

그것을 생활 속에서

활용할 수 있는가 못하는가이다

지식은 그 자체만으로는 아무 소용이 없으며 방법 혹은 체계를 띠어야 비로소 진정한 가치를 지니게 된다.

지식의 최고 단계인 과학도 '인류와 그 환경을 위하여'라는 식의 허풍을 떨지 않아도 가까운 문제로부터 유익하게 쓰려면 쓸 수 있다.

우리가 사는 21세기는 물질문명이 최고도로 발달한 시대임에도 불구하고 정신문명은 치명적으로 후퇴한 시기이다.

과학의 발달은 인류에게 획기적인 편리성을 가져다주었다. 그것이 행복을 가능케 한 큰 요인이라는 것은 부정할 수 없을 것이다. 그러나 인류는 과학이 발달하면 행복해질 수 있다고 착각하고 어느새 과학 그 자체를 목적화하고 말았다.

과학이 신을 대신할 수 있는가? 그럴 수는 없다. 현재의 과학은 과학 그 자체를 위하여 발달한다고 하는 이기주의의 극치에 도달하게 되었다. 그러나 과학이 지금보다 백 배 더 발달하더라도 인간은 여전히 핵을 개발해 미사일을 쏘며 서로 싸울 것이다. 아무리 치밀한 컴퓨터를 개발하더라도 핵 발사 단추를 컴퓨터 자신이 스스로의 의지로 누를 수는 없다. 그러나 원숭이가 아무것도 모르고 핵 발사 단추를 누르더라도 미사일은 발사되어 전쟁이 일어난다. 이것은 지식의 결과이다.

인간의 지혜는 실은 양심이다. 무엇이 중요하고 무엇이 중요하지 않은 것인지 지혜는 뛰어난 분별력을 포함한다. 인간의 판단능력이 자기 식으로 흘러간다면 그것은 원숭이만도 못할 수 있다.

인류는 과학이 발달한 만큼 정신문명의 발달도 촉진해야 한다. 그러나 현대는 이성이 의문시되는 시대, 이성이 위기에 처한 시대이다.

정신문명이 건전하게 발달했더라면 과학도 지금처럼 저차원단계에 머물러 있지는 않을 것이다.

현명한 사람은 문제가 발생해도
그 문제를 가장 손쉽고 빠르게 해결할 수 있는
방안을 모색한다

문젯거리는 늘 다면체, 이 방향에서 보면 크게 보이고 다른 방향에서 보면 작게 보인다.

보는 방식에 따라서는 전혀 안 보일 수도 있다.

순조롭게 진행되던 일이 갑자기 장애를 만나면 필요 이상으로 곤란한 표정을 짓거나 당황해서 어쩔 줄 몰라하는 사람이 적지 않다. 그것은 문제에 대한 면역이 적기 때문이다.

그러나 당황하지 말고 차분히 난관을 타개하기 위한 방법을 찾아 대처할 필요가 있다.

해결방법은 반드시 있다.

그 문제가 본인에게는 중대해서 생명을 빼앗길 정도

의 충격을 받을지 모르나, 같은 문제가 다른 사람에게는 신경 쓸 필요도 없는 사소한 문제인 경우도 적지 않다.

문제를 어느 측면에서 보는가에 따라 반응이 달라질 수 있는 것이다. 그것은 바로 문젯거리는 늘 다면체의 성격을 띠는 것이기 때문이다.

현명한 사람은 문제가 발생해도 놀라지 않는다. 문제를 가장 손쉽고 빠르게 해결할 수 있는 방안을 모색하기 때문이다.

더구나 보는 방식에 따라 문젯거리가 되지 않기도 한다. 현명한 사람은 충격을 받고 쓸데없이 당황하는 것보다 어디서부터 접근하면 쉽게 문제를 해결할 수 있을 것인지 생각할 것이다.

문젯거리는 다면체적인 성격을 띤다. 그러므로 문제를 보는 의견이 다를 수 있고 해결방식도 여러 가지 있을 수 있다.

'다른 방법이 없다.'는 태도는 있을 수 없다.

〔3〕

지혜로운 사람은
누구한테서나 배울 수 있는 사람이다

누구한테서도 배우려고 하지 않는 사람은 어리석은
사람이다.

보통사람은 학력이나 지위가 높은 사람, 부자나 유명
한 사람의 말만 듣는다.

자기보다 어린 사람이나 지위가 낮은 사람에게서도
배우는 사람이 있다.

이런 사람이 지혜로운 사람이다.

어리석은 사람은 누구한테서도 배우려 하지 않는다.

배운다는 것을 모르기 때문에 같은 실수를 여러 차례
반복한다. 지난날의 경험을 전혀 활용하지 못하다 보니
같은 실수를 반복하는 일은 당연하다.

대부분의 사람들은 지식인이나 지위가 높은 사람 혹

은 학력이 높은 사람들의 의견을 존중해서 그들의 의견을 자신의 생각보다 중요시하기 쉽다.

자신의 직관을 경시하고 남의 판단에 의존하는 것이다.

이것은 겸손하다기보다는 비굴한 태도이며 자기 자신에 대한 자신이 없는 것이다.

많은 사람들이 이런 행동양식을 보인다.

그러나 지식인이나 학력이 높은 사람들의 판단이 항상 옳았는가. 오히려 전쟁이나 쓸데없는 마찰이 일어난 것은 대부분 그런 사람들의 의견이 계기가 된 것이었다.

지혜로운 사람은 누구한테서나 배울 수 있는 사람이다.

슬기로운 사람은, 식견 있는 사람들은 물론 떨어지는 사과를 보고 '만유인력의 법칙'을 알아냈던 뉴턴과 같이 삼라만상까지 스승으로 생각하는 사람이다.

현대는 정보사회이므로 어리석어서는 정보수집도 못할 것이고 평범해서는 정보수집에만 신경을 쓰게 될 것이다.

올바른 판단력을 기르기 위해서 지혜로운 사람들의 생활방식을 배워보자.

4

인간감정의 미묘한 흐름을
이해하는 것이 중요하다

사람은 논리에 근거해서만 행동하는 것은 아니다.

이해관계나 옳고 그름을 따지지 않고 움직일 때도 있다.

그것은 마음이 있기 때문이다.

인간이 동물과 근본적으로 다른 것은 마음이 있어서 감동할 수 있다는 점이다.

인간은 무엇에 감동받고 삶의 의욕을 갖게 되며, 어떤 일에 분노해서 의욕을 상실하는 것인가?

또 어떤 말에 공감하고 반발하는 것인가?

인간감정의 미묘한 흐름을 이해하는 것이 중요하다.

인간이 동물과 다른 점은 단지 지능이 높아서만은 아니며, 마음이 있어서 감동할 수 있다는 것이 가장 다른 점이다.

경주마가 기수의 마음에 공감해서 열심히 달린다는 이야기는 들은 적이 없다.

그러나 사람은 사람에게 감명을 받아서 자기 능력 이상의 힘을 발휘하려 노력한다. '지(知)'가 아니라 '정(情)'에 따라 움직이는 것이다.

어느 시대에나 이해관계에 밝은 사람이 있게 마련이다.

그러나 거시적으로 보면 사람은 이해를 초월하고 때로는 옳고 그름을 따지지 않고 감정에 따라 행동한다고 단언해도 된다.

동서양을 막론하고 개척정신을 높이 사는 것은 감동할 수 있는 마음이 잠재되어 있기 때문이다.

사람은 열심히 사는 사람을 내버려두지 않는다. 성원을 보내고 반드시 도움을 줄 것이다.

그 소리가 들리는가, 안 들리는가? 그 손이 보이는가, 안 보이는가?

전혀 다른 생각 없이 어떤 일에 전념하면 주위가 보이지 않는다. 소리도 들리지 않을 것이며 도움의 손길도 보이지 않는다. 가끔은 하던 일을 멈추고 주위를 둘러보는 일도 중요하다.

무언가 충고를 하고 싶어서 중얼거리는 사람이 주위에 반드시 있을 것이다.

5

일방적인 견해로

성급하게 판단해서는 안 된다

사물은 반드시 양면성을 띤다.

일방적인 견해로 결론을 내려서는 안 된다.

무엇이 옳은지는 신만이 알기 때문이다.

인간은 소문 때문에 망설일 때가 많은 존재이다. 치우친 정보만을 수집하고 있기 때문에 다양한 견해나 생각을 하지 못하기 때문이다.

사물에는 반드시 양면성이 있다.

악에도 선이, 선에도 악이 함께 하기 마련이다.

그것이 인간세계이다.

예를 들어 아프리카 콩고의 밀림 속에 병원을 짓고 의료봉사와 전도활동에 전 생애를 바친 슈바이처 박사는 밀림의 성자로 칭송받았다.

그런데 슈바이처 박사는 문명사회로부터 설탕, 우유 등을 가져와 밀림에는 없던 백내장, 결핵 등의 질병을 만연시켰다.

선을 베풀었으나 나쁜 영향까지 동시에 초래한 것이다.

그러나 세상의 평판이 어떨지라도 박사가 숨을 거두자 수천 명의 원주민들이 그의 묘지에 꽃을 바쳤다는 그 사실은 무엇과도 바꿀 수 없다.

사람들의 마음을 감동시킨 것이다.

사람의 견해라는 것은 이런 것이어서 어떤 사람에게는 선이 다른 사람에게는 악으로 보일 수도 있다.

어느 것이 진실한 모습이냐 하면 모두가 진실한 모습이다.

진실은 여러 표정을 짓고 있는 것이다.

그런데도 일방적인 견해로 성급하게 판단해서는 안 된다.

판단을 내릴 때는 그것과 다른 판단도 있을 수 있음을 인식해야 한다.

어느 것이 정답인지는 신밖에 모른다.

6

꿈은 장래로부터의 메시지이며,

현실생활의 예습이고 복습이다

꿈이란 현실과 아주 동떨어진 것이 아니다.

꿈은 현실세계의 계시이다.

꿈으로부터 배우는 자세가 있으면 인생을 두 배로 즐길 수 있다.

꿈 중에서도 장래에 관한 꿈을 예지몽(像知夢)이라고 한다.

심리학자 '칼 융'이 이런 꿈을 자주 꾸었다고 하는데 그는 유럽대륙 전체가 피투성이가 되는 불길한 꿈을 여러 번 꾸고 우울증에 걸린 것이 아닐까 하고 고민까지 했다고 한다.

그런데 얼마 되지 않아서 세계대전이 발발했다.

칼 융은 큰 사건이 아니더라도 가족이나 친구의 사망

과 같이 자기 주변에서 생길 일에 관해서도 여러 번 예지몽을 꾸었다.

칼 융이 '꿈이야말로 생활의 안내자이며 꿈으로 나아가야 할 방향을 모색한다.'고 말한 것은 흥미 있는 일이다.

꿈은 무의식의 세계를 말한다. 선입관이 없는 세계가 암시하는 바를 순순히 배우면 우리의 미래도 열리게 된다.

예를 들어 당신이 마음속으로 미워하는 사람을 꿈속에서 죽였다고 하자. 꿈속에서는 현실과의 경계선이 없으므로 땀을 흠뻑 흘릴 정도로 흥분하고 있을 것이다.

죽이고 나서 '큰일을 하고 말았다.'고 후회하기 시작한다. 그리고 잠이 깨어서는 '꿈이어서 다행'이라며 안심할 것이다.

꿈은 현실세계의 계시이다. 꿈의 교훈을 잊지 않으면 범죄를 막을 수도 있다.

또한 꿈은 장래로부터의 메시지이며, 현실생활의 예습이고 복습인 것이다.

잠자는 시간마저도 유익하게 쓸 수 있는 기회가 있는 것이다.

〔7〕

자신감에서 시작하면
무슨 일이든 적극적으로 한다

의욕을 일으키며 정열이 불타오르는 도전.

인간행동의 기폭제는 다음의 두 가지이다.

그 하나는 자신감이다. 자신감에서 시작하면 무슨 일이든 적극적으로 한다.

싸움닭을 훈련시킬 때 조련사는 자기 닭에게 본시합에 나갈 때까지 약한 상대하고만 연습시합을 시켜 승리만을 가르친다.

패배를 모르는 닭은 자신만만해지고 더욱 강해져 어떤 강적을 만나도 기가 꺾이지 않지만 한 번 진 닭은 두 번 다시 못쓰게 된다. 힘의 근원인 자신감을 잃었기 때문이다.

사람도 한 번 지면 자신감을 잃게 되지만 패배에서

얻은 교훈을 새겨 대책을 생각하고 노력한다.

그리고 자신감을 회복해 재도전하게 된다.

그리고 또 한 가지, 이제 자신감의 반대편에 있는 열등감(콤플렉스)이 원동력이며, 활력이 되는 것이다.

가난한 집에서 자랐으므로 '부자가 되고 싶다.'는 강력한 욕망을 가지고 있거나, 막대한 빚을 갚기 위해 엄청난 일을 하는 등 역경이 큰 활력소가 될 수 있다.

8

인간의 마음과 영혼은
또 하나의 다른 시간과 공간 속에 존재한다

이승과 저승은 다른 세상이 아니다.

이승과 저승은 그림자처럼 함께 붙어 있는 동반자이다.

사후 세계를 염두에 두고 살아간다면 현세는 보다 더
풍요롭게 될 것이다.

'영혼 따위를 생각하는 것은 무익하다.'고 여기는 사
람도 있다.

그러나 세상에는 영혼을 믿는 사람이 훨씬 더 많다.

예를 들어 인도 사람들은 사후 세계를 의심하지 않는
다. 그중에는 내세에 왕족으로 환생할지 모른다는 희망
을 가지는 사람도 있을 것이다.

사후 세계를 염두에 두는 일은 전혀 무익하지 않고
오히려 아주 유익한 가치관을 제공한다.

만일 사후 세계에 극락이 있다는 사실을 알게 되면 인간은 보다 더 이 세상을 풍요롭게 살게 될 것이며, 지옥이 있다는 사실을 인정하면 악덕이 횡행하는 것을 막을 수 있다.

죽음은 육체가 사라지는 것 뿐, 영혼에게는 죽음이 없다.

육체는 이승이라는 시간과 공간의 3차원 세계에서 사는 것이다. 즉 상하, 전후, 좌우의 구별이 있는 세계에서 사는 것이다.

삶은 초, 분, 시, 일, 주, 월, 년이라는 단위로 이루어지고 행동은 모두 시간과 관계가 있다. 인간은 태어나서 일정 기간 살다가 죽는다.

전생, 현생, 내세로 이어지는 윤회는 저승에서도 거듭되는 것이다. 인간의 마음이나 영혼은 또 하나의 다른 시간과 공간 속에 존재하는 것이다.

우리가 죽고 나서 저승에 가는 것이 아니라 우리는 이미 저승에 있는 것이다.

육체를 벗을 때 본래의 마음, 기억, 인격, 영혼이 나타난다. 영혼은 육체를 벗어나기 전의 상태 그대로의 모습이다.

저승은 본적지이고 이승은 현주소라는 의미가 될 수도 있는 것이다.

9

삶의 차원이 달라지면
삶의 목적도 바뀌는 것이다

인생이나, 일이나, 가정에서나 방침이 필요하다.

방침은 배의 나침반과 같은 것이다.

'동생을 구박해서는 안 된다.', '밥을 더 달라고 하여 남겨서는 안 된다.' 등 어린이들도 이해할 수 있는 쉽고 단순한 것이 좋은 것이다.

인생에 명확한 목적이 있는 경우와 없는 경우는 어떻게 다른가.

목적 있는 인생은 현실이 아무리 목적과 멀리 떨어져 있어도 서서히 그 목적 실현을 향해 나아가지만, 목적 없는 인생은 그렇지 못하다.

목적 없는 삶을 사는 사람은 나침반도 없이 망망대해에 떠 있는 작은 배와 같아, 거친 세파 속에서 헛되이 방황만 할 뿐이고 자신이 지금 어디로 향하는지는 물론 어디에 있는지조차 모른다.

인생의 나침반은 절대적인 것은 아니고 항상 궤도수정을 할 수 있다. 삶의 차원이 달라지면 삶의 목적도 바뀌는 것이다.

처음에는 돈을 벌 생각이었는데 어느 틈에 사회활동이나 영적 수행에 눈뜰지 모른다.

빈틈없는 계획을 세우고 실천하지 못하는 것보다 누구나 알 수 있는 간단한 방침을 세워서 실천해 나가는 것이 결국 결실을 얻게 된다.

이런 방침은 인생에서 뿐만이 아니라 일을 할 때나 가정생활에서도 중요하다.

교육방침도 그렇다.

'그러면 야단맞겠는데.', '그러면 안 되지.' 하고 어린이도 알 수 있을 정도로 단순해야 한다.

원칙 없이 어떤 때는 야단치고 어떤 때는 아무 말도 안 한다면 어린이는 옳고 그름을 구별할 수 없게 되고 만다.

이런 식으로 하면 모두 불행해질 것이다.

10

기회는 평등해야 하지만
성과는 공평하게 분배되어야 한다

투입과 산출, 이 세상에서 투입과 산출이 똑같은 일은 있을 수 없다.

항상 어느 한 쪽이 많게 마련이다.

언제나 양자는 불균형의 상태로 존재하는 것이다.

현대에 이르러 세상에 여러 가지 차별이 없어진 것은 사실이나 오히려 지나친 평등주의가 널리 퍼진 것 같다.

선진국에서는 빈부의 격차가 심화되면서 특히 못 가진 자가 가진 자보다 힘을 갖기 시작했다.

그리하여 평등의 의미를 확대하여 능력의 차이를 무시하고 평등하게 분배하는 제도를 수립한 나라가 많아졌다.

그러나 우리가 확실히 해야 할 것은 국민이 이런 제

도에 만족하고 있는 한 그 나라는 황혼기를 맞이하고 있다고 해도 과언이 아니라는 사실이다.

기회는 평등해야 하지만 성과는 공평하게 분배되어야 한다.

최선을 다한 사람에게 정당한 대가를 부여하는 제도가 없어진다면 사람들이 활력을 잃는 것은 단지 시간문제일 따름이다.

인간의 삶에 있어서 투입과 산출이 반드시 같지는 않다.

오히려 한 쪽이 다른 쪽보다 크거나 작은 것이 보통이다.

1루피를 넣으면 반드시 커피 한 잔이 나오는 것은 아니다.

인생은 매우 불평등한 것이다.

투입과 산출이 크게 다르기 때문에 작은 투자로 큰 이익을 얻는 사람도 있다.

열심히 노력하고 행운이 따르면 큰 성공을 얻을 수 있기에 인생은 자극적인 것이다.

삶은 예측할 수 없으므로 더욱 흥미진진한 것이다.

가능성

'못 해.',
'불가능한 일이야.'
이 같은 말로
간단히 당신의 잠재능력을
부정하면 안 된다.
인간은
한 사람 한 사람이
자신도 알지 못하는
가능성을 지니고 있다.

위험을 무릅쓰고
기회를 잡으려는 사람만이
성공을 향한 도전권을 얻을 수 있다

인생에는 수많은 기회가 있다.

기회에는 항상 위험이 따른다.

위험을 무릅쓰고 기회를 잡으려는 사람만이 성공을 향한 도전권을 얻을 수 있다.

'기회가 많지 않다.'고 한탄하는 사람이 있을 수 있다.

그러나 '지금까지 한 번도 기회가 없었다.'고 생각하는 사람은 많지 않을 것이다.

'기회가 많지 않다.'고 여기는 사람은 기회를 기회로 인식하지 못했기 때문이다. 기회는 이 세상 도처에 널려 있다.

기회는 보통 위험을 수반한다. 위기와 기회는 동전의

앞뒷면과 같아서 기회가 많으면 그만큼 위험도 많다.

기회는 위기의 가면을 쓰고 나타나므로 위험을 무릅쓰고까지 그 위기를 해결하려는 사람은 별로 없으며 도전하려는 경쟁자 또한 적다.

역으로 말하면 이때야말로 찬스이다.

중요한 것은 위기에 도전하는 용기를 가지고 있는가 하는 점이다.

사람들은 좋은 기회를 얻으면 대부분 비슷하게 행동한다. 그러나 위기에 처하면 자신의 인간성을 드러내는 행동을 하게 된다.

위기 시 그 사람이 어떻게 행동하는가는 다른 사람들의 주목의 대상이 된다.

별로 어렵지 않은 위기에 빠져도 금세 의욕을 잃는 사람도 많다.

역경에 약할지 어떨지, 자포자기에 쉽게 빠질지 어떨지, 한눈에 알 수 있다.

인간은 대단한 잠재력을 가진 존재로 보인다.

옛날부터 달을 쳐다보고 '달에 가고 싶다.'고 원했던 사람은 많이 있었다. 그리고 언젠가 꼭 달에 갈 수 있으리라고 생각한 사람이 있었으므로 그 꿈이 실현된 것이다.

달 착륙에 성공한 요인은 '못 해요.', '불가능해요.'라는 다수의 견해 중에서도 '이론상 가능하다.', '연구해 볼 가치가 있다.', '해보자.'라는 긍정적 의견을 믿어 왔다는 것이다. 가능성을 부정하지 않고 한 걸음 한 걸음 달에 가까워진 것이다. 멀지 않아 하루 안에 달 여행이 가능해질 것이다.

작은 가능성도 부정하지 않고 노력할 때 어려운 과제도 해결할 수 있다.

'할 수 없다.'

'할 수 있다면 좋겠다.'

'가능할지 모르겠다.'

'가능할 것 같다.'

'분명히 할 수 있다.'

'이제 다했다.'

이 여섯 단계의 사고방식은 잠재능력과 가능성을 개발하는 데 많은 도움을 준다.

모든 가능성에 대해 순수하게 마음을 여는 생활과 사고방식이 귀중한 것이다.

〔3〕

천재는 그의 재능을 발휘할 수 있었던
'기회'와 '장소' 그리고 그런 '인연'을 만들어준
사람이 있다

모든 사람은 자기 안에 '천재성'을 가지고 있다.

'천재'도 기회와 장소, 그리고 사람을 만나지 못하면
천재성을 꽃피울 수 없다.

물을 주고 버팀목을 대주고 길러주는 사람이 있어야
'천재'도 활짝 필 수 있는 것이다.

보통 천재로 불리는 사람의 이면에는 그의 재능을 발
휘할 수 있었던 '기회'와 '장소' 그리고 그런 '인연'을 만
들어준 사람이 있다.

원래 인간은 누구나 천재적인 성격을 지니고 있지만
천재가 실질적으로 천재가 되지 못하는, 즉 재능을 꽃
피우지 못하는 데는 상당한 이유가 있다.

첫째, 노력이 부족하다는 점.

둘째, 본인에게 각성이 없었다는 점.

셋째, 천재성을 개화시켜 줄 사람을 만나지 못했다는 점이다.

인간은 모두 개성이 있다.

당신은 당신만의 특성, 필자는 필자만의 특성을 가지고 있다.

재능 혹은 개성이라고 부를 수 있는 이 특성은 좋은 환경하에서 최고로 발휘된다.

적성은 자신의 개성을 죽이지 않고 살리는 것이므로 자기에게 알맞은 일은 아무리 힘이 들어도 재밌다. 시간이 가도 모를 뿐만 아니라 피곤하지도 않다.

창의적인 연구도 저절로 나오게 되며 하루하루 발전하는 자신을 발견하게 된다. 그것은 무엇보다도 그 일이 자기한테 맞기 때문이다.

자신의 적성에 맞는 일을 빨리 찾는 사람이 자기의 잠재적인 가능성을 최대한 발휘할 수 있는 것은 당연한 일이다.

사람은 기회를 도약대로 발전하는 존재이다.

4

세상은 한 가지로 정형화되어 있지 않기에
획일적으로만 생각해서는 안 된다

'1+1=2'는 보통 사람들이 대답하는 상식이다.

그러나 세상에는 '1+1=3'이라는 해답도 있다.

예를 들어 한 남자와 한 여자가 결혼해서 만일 쌍둥이를 낳는다면 '4'라는 답도 될 수 있겠다.

그리고 산소와 수소가 만나 화학변화를 일으켜 물이 되면 '1+1=1'이라는 답도 되겠다.

'1+1=0'은 어떤 경우인가. 두 사람이 함께 회사를 창업했다가 도산하면 이렇다.

말하자면 세상의 수학에서는 '1+1'이라는 단순한 질문에도 해답은 여러 가지가 나올 수 있는 것이다.

세상은 이론대로만 되는 것은 아니다. 세상만사를 무턱대고 이론만으로 따지려드는 것은 무리이다.

우리 선배들은 문제를 이론적으로 처리하기 위해 법률이나 규칙을 마련했다. 그러나 법이나 규칙의 해석은 천차만별하다. 사람 수만큼 법이 있다고 할 정도이다.

당신이 인생길에서 만나는 문제는 예외투성이인 응용문제들이다. 답하기 어려운 문제뿐이고 그중에는 해답이 없는 문제도 있다.

이런 문제에 해답을 찾는 일, 그것이 바로 인생이다.

세상을 획일적으로 생각해서는 안 된다.

5

최고를 지향하는 것은 중요하지만
최고만 고집하다가는
뒤처질 가능성도 있다

많은 사람들이 백화점 입구에서 나란히 서서 기다리고 있다. 특별 세일이 있다면 맨 앞에 서 있는 사람이 제일 유리하고 가장 좋은 물건을 얻게 될 것이다.

그런데 백화점 옆 가게에서 더 좋은 제품을 할인 판매한다는 소식이 알려졌다.

그 가게로 제일 먼저 뛰어간 사람은 백화점에서 맨 뒤에 서 있던 사람이었다.

일등이 언제까지나 일등은 아니다.

상황이 바뀌면 일등은 꼴찌가 될 수도 있는 것이다.

세상사에는 이런 일이 적지 않다.

대기업도 제품에 하자가 생겼을 때는 그 존립 자체가

위기에 빠질 수 있다. 안정을 바란다면 몇 가지 제품에 부담을 분산시키는 것이 바람직하다.

최고를 지향하다가 좁은 시야만을 지니게 된다면 어느새 시대의 분위기가 바뀌는 것을 감지하지 못할 수도 있다. 그리고 마침내 '최고가 되었다.'고 생각될 때 사실은 주위보다 뒤처지는 상황에 처할 수도 있다.

최고를 지향하는 것은 중요하다. 그러나 주위 상황이 바뀌어 버리는 경우 최고가 항상 최고일 수는 없다.

마차를 모두 구입했더니 철도 시대가 되었다. 인기 산업에 취직했다 했더니 10년이 지난 뒤 그 직장은 구조적으로 불황산업이 되고 말았다.

이같이 웃지 못할 일들이 들리고는 한다.

6

인생은 용기와 계산을 요구하므로
철저히 준비해서 시작해야 한다

무엇이든지 착수해 보는 것이 좋다. 얼마나 가능성이 있는지 본인조차 모르기 때문이다. 망설이기보다는 시도해 봐야 한다.

'실수하고 싶지 않다.'

'창피당하고 싶지 않다.'

이런 식으로 말하며 아무것도 하지 않으려는 사람이 있다.

'철저히 준비해서 시작한다.'

이런 식으로 준비에만 시간을 쓰는 사람도 있다.

이 같은 태도는 어느 쪽이나 도전하려 하지 않는 사람들의 특징이다. 우리는 얼마나 큰 가능성이 있는지 아무도 모른다. 따라서 일단 한번 해봐야 한다.

복권을 사지 않고도 당첨될 리는 없다.

경쟁에 응모하지 않고 당선할 리도 없다.

자기 인생의 극본가, 연출가는 자신뿐인 셈이다. 남이 나의 인생 각본을 써주지는 않는다.

성공한 사람은 좋은 소질, 기회, 장소, 그리고 도와주는 사람을 갖추고 있다. 하지만 최소한 그들은 '내가 하겠습니다.'라고 손을 올린 사람이라는 공통점을 지닌다.

겁이 많고 대책이 없으면 말할 필요도 없고 우유부단하며 한 우물을 파지 못하고 이것저것 기웃거리는 사람들은 승부에서 이길 수가 없다.

인생은 용기와 계산을 요구한다.

실패를 두려워하지 말아야 한다. 잃을 것은 아무것도 없다.

인생이라는 큰 승부에서 한 번은 모험을 걸어야 한다.

7

오로지 마음속에 있는
신의 소리를 들으려고
노력해야 한다

히말라야를 사진으로 본 사람, 비행기에서 본 사람,
실제 올라가 본 사람, 저마다 본 풍경은 다를 것이다.
물론 산을 오르는 사람은 산의 전경을 볼 수 없다.
그러나 눈으로가 아니라 몸 전체로 보고 있는 것이다.
세포 하나하나가 히말라야를 기억하고 있는 셈이다.
즉 산과 일체가 되어 있다고 해도 좋겠다.
히말라야까지 가지 않고 작은 산에 올라도 풍경은 다
르게 보인다.
그것은 허심탄회한 마음으로 보기 때문이다. 비행기
에서나 사진으로 산을 보면 몸이 피곤하지 않기 때문에
무심히 볼 수 없다.

육체의 힘이 완전히 빠지고 모든 잡념이 머리에서 사라진 후에야 피사체의 참된 모습이 자연히 떠오르게 되는 것이다.

이같이 진선미의 세계는 머리로 이해하는 데 한계가 있다.

예를 들어 산에서 길을 잃고 헤맬 때나, 어둠 속에서 방황할 때, 마음속에 계시는 신에게 조용히 여쭈어본다.

그러면 아주 미약한 전파이기는 하지만 분명한 지시를 내려준다.

머리로만 생각하려 하지 말고 오로지 마음속에 있는 신의 소리를 들으려고 노력해야 한다.

머리로 아무리 생각해도 답을 얻을 수 없는 문제가 있다. 그것은 머리로 생각하려 해도 무리이다.

육체의 힘이 다 빠져 무심한 상태에 이르렀을 때 이제까지 보이지 않았던 것이 파노라마처럼 눈앞에 전개되듯이, 들리지 않는 소리를 들으려 해야 한다.

8

눈이 아닌
마음의 눈으로 보아야
직관력이 작용한다

직관력이 가장 크게 작용하는 것은 좋고 싫음의 감정
이다.

어떤 사람은 첫인상부터 아무래도 좋아하게 될 것 같
지 않다. 처음부터 이런 느낌을 갖게 되면 좀처럼 생각
을 바꿀 수가 없다.

직관이 정답일 경우가 많다. 말하자면 파장이 맞지
않는 것이다.

당신도 살아오면서 많은 이들을 만났을 것이다.

직관은 자체 자료에 의거해 컴퓨터보다 빠른 속도로
순식간에 나름대로의 해석을 제시한다.

우리는 사회생활을 하게 되면 싫어하는 사람과도 함

께 일해야 한다. 그렇게 되면 좋고 싫음의 감정을 감추고 생활하게 되는 것이다.

직관은 우리가 태어났을 때부터 현재까지 축적해 온 단순한 자료가 아니라, 우리의 영혼이 수만 년 전 전생으로부터 상속받은 재산이다.

그러므로 보이지 않는 것을 보고, 들리지 않는 것을 듣고 처음 만난 사람의 인상을 갖게 해주는 것이다.

그러나 본질을 파악하지 못하는 직관력은 계속 잘못된 답을 줄 것이다.

사기꾼은 신사보다 더 훌륭한 모습과 말씨로 접근한다. 그러나 직관력을 옳게 사용한다면 그의 정체가 무엇인지 판단할 수 있다.

겉모습에 눈이 멀지 말아야 한다. 눈으로만 보면 안 된다. 마음의 눈으로 보아야 직관력이 작용한다.

9

모든 존재는 아름답고
모든 사건은 의미가 있다

　'청년은 육체로 세상을 배우고 장년은 마음과 지성으로 세상을 대하며 노년은 영혼으로 세상을 느낀다.'

　이것은 신비교육학자 루돌프 슈타이너의 말이다.

　의식이 우주와 연결되어 있음을 깨닫는 데는 오랜 시간이 걸린다. 여러 번 윤회를 거듭해야 알게 될지 모른다.

　그러나 의식과 우주가 관계가 있음을 어렴풋이 아는 것만도 드문 일이다.

　알게 되었다는 것은 깨달았다는 것이다. 퍼뜩 생각이 들었을 때 우리는 순간적으로 깨닫게 된 것이다.

　'눈앞에 있어도 몰랐던 세계가 벽을 넘자마자 똑똑히 보이기 시작했다.'

이것이 깨달음의 세계이다. 들어가지 않으면 모르는 것이다.

병은 건강의 귀중함을 알리기 위하여 신이 우리의 의식에게 전하는 메시지이다.

고난은 영혼이 얼마나 강한 것인지 우리에게 인식시키기 위한 선물이다.

'삶'은 그냥 살아가는 것을 의미하지 않는다. 진실하게 살아가는 것을 '삶'이라고 한다.

우리 주변에 있는 것은 모두 아름답다. 우리 주변에서 일어날 일들은 모두 의미가 있다.

깨달음은 이 같은 사실을 알게 된 후 찾아오는 것이다.

{ 10 }

정보는 독점하지 말고
나누어야 한다

돈도 사람도 정보도 진심으로 그것을 귀중하게 생각하는 사람에게 모인다.

돈이나 사람이나 정보는 모두 스스로의 가치가 올바르게 평가되면 아주 좋아한다.

돈은 그것을 귀중하게 여기는 사람에게 모인다.

인재는 사람을 알아보는 사람에게 모인다.

정보를 귀중하게 생각해야 그것을 수집할 수 있다.

그것들을 한 번 쓰고 버릴 듯이 다루는 사람에게는 돈이나 사람, 정보가 모이지 않는다.

사람은 자신의 가치를 올바르게 인식하는 사람, 자기를 제대로 평가해 주는 사람에게 호의를 가지게 마련이며 좋은 감정을 가지게 되면 사람들은 의외의 정보를 가져오게 마련이다.

정보를 확대하려면 어떻게 하면 좋은가?

인터넷을 이용해서 열심히 정보 수집을 할 수도 있으나 별반 효과를 얻지 못하며 그것보다는 자신이 가진 정보를 남에게 이야기하는 것이 좋다.

그렇게 하면 뜻밖의 수확을 얻을 수 있다.

자신의 정보가 틀렸을 수도 있고 상대가 더 자세한 내용을 알고 있을지 모른다.

간단한 정보로 놀라운 아이디어를 내는 사람도 있을 것이다.

정보는 독점하지 말고 나누어야 한다. 다른 곳으로 보내면 친구를 데려온다. 사람도 마찬가지이다.

'약점 때문에 성공하기 어렵다.'고 생각하는 사람은 그 약점을 보완해 주는 사람을 찾을 수 있다면 언제든지 성공할 수 있다.

그러기 위해서는 바르게 평가해 주어야 한다. 실제보다 과대평가하면 업신여기는 것과 같다.

마음 다스리기 4

성공

실패에서

교훈을 얻을 수 있는 사람은

시원치 않게 성공한 사람보다

큰 성공을

얻을 수 있다.

〔1〕
실력이 비슷하면
먼저 열심히 하는 사람이 이긴다

　상대가 자기보다 능력이 훨씬 크면 상대의 태도를 잘 지켜봐야 한다.

　실력이 비슷하면 먼저 열심히 하는 사람이 이긴다.

　자기보다 훨씬 못한 상대와 쓸데없는 싸움은 하지 않는다.

　인간에게나 기업에게나 격이라는 것이 있다.

　물론 사람들의 집합체인 국가도 마찬가지이다.

　약소국은 강대국과 상대해 싸울 경우 핵무기 등 강력한 무기가 없으면 이길 수 없다.

　현명한 지도자는 무모한 전쟁을 일으켜서 국민을 괴롭히지 않는다. 마찬가지로 개인이든 기업이든 능력이 훨씬 뛰어난 상대와 정면으로 대결하는 것은 어리석은 일이다.

순간적인 기습은 할 수 있겠지만 이것은 시간이 지남에 따라 약점이 드러난다.

장기간의 지구전으로는 약한 자가 강한 자를 이길 수 없다. 헛된 싸움은 하지 않는 것이 현명한 일이다.

다툼으로 번지지 않도록 항상 주도권을 지켜야 한다. 상대를 결코 화나게 만들면 안 된다.

만약 규모나 힘에서 비슷하면 신속하고 일사불란하게 행동에 옮기는 쪽이 이긴다.

상대가 어떻게 나오느냐를 볼 틈은 없다.

먼저 행동하는 쪽이 이긴다.

그러면 한쪽이 강대국이나 대기업인 경우는 어떻겠는가?

상대가 하는 대로 놓아두었다가 가장 효과적인 방법을 선택해서 대처하면 된다.

챔피언에게는 챔피언에게 어울리는 전법이 있다.

《2》

성공하는 사람은

어린아이에게도 배운다

빨리 성공하고 싶으면 스승이 많아야 한다.

스승이란 나이, 성별을 초월한 존재이다.

어린아이에게도 배우는 자세를 가지면 성공은 보장
된다.

사람의 인생은 주변에 어떤 사람이 있는가에 따라 결
정된다.

성공도, 실패도, 행복도, 불행도 모두 이것에 달려
있다.

'근묵자흑(近墨者黑)'이라는 말이 있듯이 인간은 사회
적인 동물이다.

그러므로 일뿐만 아니라 삶의 원리원칙을 지도해 주
는 스승을 모시는 일은 매우 중요하다.

나이 차이가 있는 친구와 스승을 가질 것을 충고하고 싶다. 그들은 당신에게 없는 지혜, 정보, 인맥을 가지고 있다.

그들은 문제 발생 시 사태를 다각적으로 판단한다는 점에서 당신에게 절실한 충고를 해줄 것이다.

나이 차이가 있는 친구나 스승은 물론, 상사와 선배, 동료와 후배 등 우리에게 스승이 되지 않는 사람은 한 사람도 없다.

우리 주위에는 수많은 스승이 있으며, 성공하는 사람은 어린아이에게도 배운다.

성공하는 사람은 바로 이 점에서 실패하는 사람과 다르다. 실패하는 사람은 타인의 지혜를 이끌어내지 못한다.

주위 사람들의 지혜를 살릴 수 없는 것이다.

성공을 위한 원리와 원칙은 자신이 스스로 만드는 수밖에 없다.

혼자만의 힘으로 만들 수 있는 것은 거의 없고 주변 사람이 깨닫게 해주는 것뿐이다.

한 사람의 능력에는 한계가 있다. 성공의 비결은 다른 사람들의 의견을 모아 자신을 위해 그것을 살리는 데에 있다.

3

성공의 요소는 단순하며

유능한 사람은 하나를 듣고 열을 안다

추상적인 것을 구체화하는 일, 모순되는 것을 양립시키는 일, 복잡한 것을 단순히 생각하는 일, 이런 일들을 할 수 있으면 그 인생은 성공한 것과 다름없다.

유능한 사람은 하나를 듣고 열을 안다.

앞으로의 시대는 무에서 유를 생각해내는 능력보다 하나를 듣고 여러 가지를 유추해낼 수 있는 능력을 요구한다.

중요한 것은 발상력보다 연상력이다. 차례로 유추해내는 연상 중에 한두 가지 반짝거리는 아이디어가 있는 것처럼 사물이나 사고에 대하여 인지할 수 있는가 없는가의 차이에 따라, 세상에서의 성공은 당사자 이외에는 전부 추상적인 일이다.

성공을 위한 법칙을 들 수 있겠지만 그것은 그 사람이기 때문에 가능했던 것이고, 타이밍이 맞았고, 그 장소이기 때문에 가능했던 것이다.

따라서 성공한 사람의 이야기를 그대로 받아들이지 말아야 한다. 오히려 소화불량만을 일으키게 된다.

자신에게는 무엇이 유용한지 깊이 생각하고 자기의 말로 소화해야 한다. 그렇게 하면 추상적이어서 이제까지 이해하지 못했던 일들이 구체적인 의미를 띠고 다가올 것이다.

그리고 모순이 되는 일들을 양립시키는 것이 성공의 길이다.

좋은 제품을 싸게 판다는 것은 원래 모순된 내용이다. 그러나 그것을 양립시키지 않으면 시장에서 살아남을 수 없다.

뛰어난 아이디어는 반드시 상식을 벗어난 것이다.

상식적인 사람은 상식을 벗어난 아이디어를 가질 수 없다.

보통사람은 상식에서 한 걸음도 벗어날 수 없다.

성공의 요소는 단순한 것이다. 단순하지 않은 것은 실용적이지 못할 뿐 아니라 구체적인 행동으로 옮길 수도 없다.

4

복잡하고 어려운 일을 두려워하지 않고
적극적으로 밀고 나가는 일이 중요하다

간단한 일은 손을 놓지 말고 주의 깊게 해야 한다.

어려운 일은 대담하게 진전시켜야 한다.

인생이나 일에 있어서 실패하는 것은 이것을 반대로
생각하기 때문이다.

단순해서 누구나 할 수 있는 일은 적당히 생각해서
손을 뺀다.

그리고 실패한다.

반대로 어려운 일은 좀처럼 착수하려 하지 않는다.
쓸데없이 시간을 흘려보내고 제한 시간이 가까워지면
급하게 서두른다.

그리고 실패한다.

성공하기 위해서는 실패하는 사람이 하는 방식의 반

대로 하면 된다.

간단한 일은 오히려 손을 놓지 않고 조심스럽게 한다.

누군가 당신이 일하는 태도를 보고 있을 것이다.

모두가 손을 뺀 간단한 일도 창의롭게 연구해서 열심히 한다면 '이 사람은 작은 일도 이렇게 정성들여 하니 큰일도 매우 정확히 할 거야. 한번 시켜보자.'고 생각하는 사람이 있을 것이다.

필자도 그런 사람에게 일을 맡기고 싶다.

'더 큰일을 주세요. 작은 일은 진지하게 할 수 없어요.'라는 사람에게는 아무도 일을 맡기려고 하지 않는다. 거래 금액이 클일만 중요한 일은 아니다.

복잡하고 어려운 일을 두려워하지 않고 적극적으로 밀고나가는 일이 중요하다. 대담한 발상으로 세심한 주의를 들여 진전시키면 못 할 일이 없다. 아무리 큰일이라 해도 결국 작은 일들이 모인 것이므로 매우 조심스럽게 대처해야 한다.

그러나 일이 크면 클수록 발상은 대담해야 한다. 발상도 작은 일과 같으면 안 된다.

5

변화는 진보를 뜻한다.

따라서 변화를

부정하거나 무시하거나 방해해서는 안 된다

변화에는 활력의 기세가 있다.

중요한 것은 그 흐름을 거스르지 않고 타는 것이다.

인생에는 기운이 있다.

바꾸어 말하면 인생에는 파도와 바람이라는 것이

있다.

파도에는 높은 파도와 낮은 파도, 바람에는 순풍과

역풍, 각각 두 종류가 존재한다.

파도가 낮고 순풍을 받으면 돛을 활짝 펴고 날아갈

수 있지만 반대로 파도가 높고 역풍이 불면 점점 목적

지로부터 멀어지고 배가 난파할 수도 있다.

'지금은 슬럼프이므로' 자신의 불운을 불평하는 사람

은 확실히 바람과 파도의 상태를 알고 있다.

이제 중요한 것은 한탄을 해도 소용이 없다는 사실이다.

인생을 보다 나은 환경으로 바꾸기 위해서는 바람이 어느 쪽으로 부는지, 파도 높이에 변화가 없는지 등에 유의할 필요가 있다.

운이 나쁘더라도 사람들의 평가는 올랐다 내렸다 한다. 역풍은 길어야 3년, 그것을 맞받아 나가려한다면 힘을 소진할 뿐이다.

그때는 힘을 보존하고 충전해야 한다.

휴식도 운을 놓치지 않는 비결 중의 하나이다. 쉴 때 무엇을 할 것인가에 따라 기회가 돌아올 때 유익하게 작용한다.

흐름에는 기세가 있다. 역풍의 기세가 꺾이고 풍향이 바뀔 때 바로 엄청난 힘을 등에 받고 전진해야 할 때이다.

6

새것은 항상 낡은 것을 초월할 수 있는
힘을 가지고 있다

신참은 반드시 선임보다 강하다.

시대든, 나라든, 기업이든, 개인이든, 식물이든, 동물이든 다 마찬가지이다.

그것이 세상사의 이치다.

아무리 큰 유행이었더라도 낡은 유행은 새 유행에 자리를 내주어야 한다. 새것은 '새롭다.'는 이유만으로 큰 힘을 가진다.

그것이 좋은지 나쁜지는 관계가 없다.

나라의 제도가 낡으면 새로운 제도를 기다리는 사람들의 기대에 부응하는 바람이 분다.

챔피언 자리를 지키기는 대단히 어렵고 도전자는 언제나 압도적으로 유리하다. 항상 새것은 젊은 활력을 지녀 다른 것을 능가한다.

시대가 성숙해서 개혁의 바람이 불기 시작하면 새 바람이 낡은 바람을 몰아낸다.

새 바람이 불어오면 그 힘을 막기보다는 그것을 솔직히 인정해야 한다.

성공은 시대의 바람이 어느 쪽을 향해 불고 있는가에 큰 영향을 받는다.

전통도 귀중하지만 개혁은 더 중요하다.

불변하는 것, 변하는 것, 변해야 할 것, 이것들의 내용을 확실히 파악해서 자신을 성장시키는 활력으로 받아들이는 것이 중요하다.

〔 7 〕

실패에서 교훈을 얻을 수 있는 사람은

시원치 않게 성공한 사람보다

큰 성공을 얻을 수 있다

성공이든 실패든 우리의 체험을 분류하면 다음의 세 가지로 나눌 수 있다.

그것은 도움이 되는 경험, 도움이 되지 못하는 경험, 유해한 경험이다.

경험 중에는 당신이 장래에 큰일을 하기 위해 면역을 길러 주는 것도 있고 지나친 출혈로 치명적인 상처를 주는 것도 있다.

인생에서 피와 살이 되는 것은 바로 도움이 되는 체험이다.

여기서 생각할 것은 체험 그 자체가 도움이 되거나 도움이 되지 않거나 해가 되지는 않는다는 점이다.

체험을 통해 어떻게 배우느냐가 중요하고 그 결과에 따라 위의 세 부류로 나눈다.

반드시 도움이 되는 경험을 해야 한다.

사람들은 평범한 인생 속에서는 배울 기회를 찾으려 하지 않는다. 그러나 실패하면 자신의 부족한 점, 약점을 구체적으로 알게 되기 때문에 싫더라도 이를 극복할 수 있는 노력을 해야 한다.

이 같은 심한 체험을 통해서 '이런 식으로 하면 반드시 성공한다.'는 법칙이나 반대로 '저런 식으로 하면 반드시 실패한다.'는 직관을 익히게 된다.

인생에서는 우리가 단념할 때까지 패자부활전을 가질 수 있다.

여러 번 실패한 체험을 통해 약점을 극복하고 경영방식을 바꾸었으므로 그 전과는 비교할 수 없는 대기업을 이룩한 사람도 있다.

실패를 깨달음에 이르는 도약대로 잘 활용한 결과이다.

실패를 잘 살리면 어설픈 성공보다 큰 성공을 이룰 수 있는 요인이 된다.

못 할 일은
할 수 있는 사람에게 맡기면 된다

진정으로 똑똑한 사람은 자기가 할 수 없는 일을 안다. 그 일은 남에게 맡기면 된다. 그것이 성공의 길이다.

사람은 신이 아니므로 전능하지 않다.

그러나 이를 아는 사람은 그리 많지 않은 것 같다.

노력하면 모든 일을 할 수 있다고 생각하기 쉬우나 이는 잘못된 생각이다.

노력에 따라 어느 정도는 할 수 있겠지만 한두 가지의 일이라도 최고의 경지에 이르는 것은 무척 힘든 일이다. 하물며 무엇이든지 다 할 수는 없는 일이다.

참으로 머리가 좋은 사람은 이 점을 인식하고 대처하는 사람이다.

우선 자기가 못 하는 일이 무엇인가를 알아야 한다.

경영은 할 수 있지만 기술개발은 못 한다면 기술자를 고용하면 된다.

교육은 할 수 있지만 판매 확대를 할 수 없다면 자신은 인재육성을 담당하고 다른 분야는 전문가를 쓰든지 하면 된다.

기술은 있지만 자금이 없다면 은행에서 빌리면 된다.

한마디로 '떡은 떡집', 못 할 일은 할 수 있는 사람에게 맡기면 된다는 것이다.

이것이 성공의 지름길이며, 왕도이다.

이런 단순한 일을 깨닫지 못하고 모두 혼자서 떠맡아 하려다 고생하는 사람이 많다.

인생은 짧다. 그런 식으로 산다면 아무리 시간이 있어도 부족할 것이다.

자신을 신처럼 생각하면 곤란하다.

【 9 】

운세가 있는 사람은

강한 에너지를 지니고 있고,

그 에너지가 더 큰 운세를 불러온다

인생을 어떻게 살 것인가?

누구나 자문자답하면서 열심히 인생을 설계한다.

마음가짐이 인생을 결정한다. 진리가 존재한다면 이 말이야말로 진리이다.

'나는 운이 없다.', '너는 운이 있다.' 이런 식으로 말들을 하지만 운을 보는 방식은 다음 두 가지뿐이다.

하나의 사실을 어떻게 생각하느냐에 따라 인생이 완전히 달라질 수 있다.

그것은 자신이 '운이 있다.'거나 '운이 없다.'라고 어떻게 인식하느냐의 차이일 뿐이다.

운이 없을 때도 '운이 있다.'고 생각할 수 있는 사람만이 실제로 행운을 잡을 수 있다는 사실이 중요하다.

운세는 에너지이다.

행운의 여신은 인력(引力)처럼 그 에너지에 끌려 문을 연다.

성공하면 운이 좋았다, 실패하면 스스로 부족했다고 생각해야 한다.

성공을 자기 실력 때문이라고 자만하면 안 된다. 실패를 운이나 남의 탓으로 돌리지 않아야 한다. 평소 이런 마음의 습관을 가진 사람에게 운이 찾아온다.

운세는 에너지이다.

강한 에너지를 가진 사람에게는 비슷한 에너지를 가진 사람이 모인다.

'유유상종'이라고 하듯이 끼리끼리 모인다.

친구들 중에 성공한 사람, 운이 좋은 사람을 보라.

그의 주변 사람들도 모두 운이 강한 사람이라는 사실을 알게 될 것이다.

성공과 실패, 질병과 건강,
모두 무엇인가를 깨닫게 하기 위한
신의 선물이다

삶은 변화하는 것이다.

변화는 좋은 것만은 아니다.

순풍을 타고 순조롭게 출항을 한 사람에게 변화는 실패나 질병 등 문제가 생겼음을 의미한다.

좋지 않은 변화는 겉으로는 매우 곤란한 것으로 보이지만 실은 모두 마음과 영혼을 훈련시키기 위해 계획된 것이다.

바꾸어 말하면 깨닫게 하기 위해 준비된 것이다.

평온할 때는 누구나 훌륭하고 환하게 보인다. 여유가 있기 때문이다. 여유만큼 사람을 느긋하고 온화하며 상냥하게 만드는 것은 없다.

그러나 여유가 사람을 그렇게 만들 뿐, 영혼이 그렇다는 것은 아니다.

100원을 가지고 있는 사람이 거지에게 1원을 나누어 주는 것은 쉬울 것이다. 그것은 영혼이 주는 것이 아니라 여유가 주는 것이다.

그러나 당신이 온 재산을 기부한다면 그것은 당신의 인간성 전체가 하는 행위이다.

어려운 일, 실패나 질병 등은 모두 마음과 깊은 관계가 있다.

곤란이 닥쳤을 때 어떤 마음가짐을 갖는가, 여기에 그 사람의 인간성 전체가 달려 있다.

실패, 질병 등 역경은 그 어려움을 넘어서 사람의 본질을 성장시킬 수 있을지의 여부를 확인하는 시금석이다.

미래

인생에는

이것 아니면 저것이라는

양자택일은 없다.

늘 또 하나의 선택 시기가 있다.

그런데 제3의 선택 시기를

알 수 있는 사람은 거의 없다.

그러므로 자신이 자신을

궁지로 몰아넣고 만다.

〔 1 〕

과거 속에 현재의 원인이 있고
현재 속에 미래의 현상이 응축되어 있다

우리는 다행스럽게도 선인들의 지식이나 지혜를 참
고해 인생을 영위할 수 있다. 또 성공이나 실패를 통하
여 인생의 진수를 배워 옳고 효과적인 인생을 살아갈
수 있다.

선인의 지혜를 하나의 가치로 생활 속에서 구현화할
수 있는 것이다.

'어리석은 사람은 경험에서 배우고 지혜로운 사람은
역사에서 배운다.'고 한다.

하나의 끝은 하나의 시작에 불과하다.

과거의 결과는 현재 발생하는 일의 원인이고 현재의
결과가 미래에서 발생할 일의 원인이 되는 것이다.

미래를 알려면 우선 과거를 배워야 한다.

그러면 과거 속에 현재의 원점이 있고 현재 속에 미래의 현상이 응축되어 있다는 사실을 알게 된다.

세상의 모든 일은 밀접하게 연결되어 있다.

도리를 모르는 사람만이 '무관'하다는 말을 쓰는 것이다.

모든 것은 보이지 않는 인연으로 뿌리 깊이 연결되어 있다.

당신의 현재는 지난날의 행동의 대가이다.

현재 처한 상황이 불만스럽다면 과거를 후회하기보다 현재의 궤도를 어떻게 수정하면 좋을 것인가에 고민해야 한다.

과거를 돌아볼 여유가 없을 것이다.

2

불행, 불운, 빈곤은 하나의 전염병이며,

예방법은 철저하게 피하거나

면역성을 높이는 것이다

운은 에너지이다.

운이 좋은 사람에게는 에너지가 작용해 운이 좋은 사람들이 모인다.

반대로 에너지가 약해서 실패만 반복하는 사람, 불행, 불운, 빈곤이 겹쳐 조금도 좋아지지 않는 사람, 이런 사람에게도 같은 에너지를 가진 사람들이 모이므로 이는 지옥과 같은 양상을 띠게 된다.

운세는 에너지이므로 전파의 성질을 띤다.

한마디로 불행, 불운, 빈곤은 전염병과 같아서 한 사람에게서 다른 사람에게로 옮겨간다.

에너지가 강한 사람은 면역성이 강하므로 발병하지

않지만 에너지가 약해진 사람은 쉽게 감염된다.

만일 당신이 최근 불운과 불행이 계속된다거나 가난해지는 것 같다고 느낀다면 당신 자신의 에너지가 떨어진 점에 더해 비슷한 에너지를 가진 사람의 영향도 받았는지 확인해 볼 필요가 있다.

모두가 그 사람의 탓은 아니다. 당신에게도 그 영향을 받아들이는 요소가 있었기 때문이다.

예방법, 치료방법은 기본적으로 자신의 에너지를 높이는 일이다.

좀 더 구체적으로 조언한다면 그런 사람을 가까이 하지 않을 것, 철저하게 피할 것, 불운, 불행, 빈곤을 경험해서 면역성을 가질 것 등이다.

3

여러 가지 일들을
미리 생각해서 고민할 필요는 없다

당신이 망설일 때 신의 힘은 움직이지 않는다.

신의 도움을 받고 싶다면 흐름을 기다려야 한다. 무리해서는 안 된다.

이것저것 기웃거리는 것은 망설이기 때문이다.

왜 결정짓지 못하는가?

어느 쪽이라도 좋다고 생각하기 때문이다.

어느 쪽이라도 좋기 때문에 결정을 못 하고 갈피를 못 잡는 것이다.

예를 들어 일류 학교와 삼류 학교, 양쪽 다 합격했다면 어느 쪽에 진학할지 아무도 망설이지 않는다. 차이가 명백하기 때문이다.

결정을 못 할 때는 일류 대학을 여러 군데 합격했을

경우이다.

이때는 차이가 없으므로 어느 쪽이 좋을지 판단할 수 없다. 자신의 장래를 위해 어느 쪽이 유익한지 모른다. 그래서 망설이는 것이다.

아무도 미래를 알 수 없다.

그러나 사람들은 할 수 없는 것을 알고 있으면서도 어떻게든 해보려고 고민한다.

아무리 생각해도 알 수 없는 일, 바꿀 수 없는 과거, 알 수 없는 미래를 밝히려고 하는 것은 번뇌일 뿐이다. 그것은 망상이다.

망상 따위는 하지 않는 것이 좋다.

앞으로의 일에 관해 지나치게 생각해서 고민하지 말아야 한다.

망설일 때는 신도 도움이 되지 못한다.

산다는 것은
신이 빌려준 시간을
어떻게 지내는가 하는 것이다

　인생을 빛나게 만들 수 있는지는 모든 한 사람 한 사람에게 달려 있다.

　미래는 무한한 가능성이 있다.

　아무도 미래를 예측할 수 없다. 내일 우리에게 무슨 일이 일어날지 예견할 수 있는 사람은 없다.

　능력을 가진 사람들은 미래를 예언할 수 있다고 한다.

　그러나 사람의 인생이 예언 덕분에 좋은 방향으로 바뀌겠는가?

　바뀌지 않는다.

　내일 길을 잃어서 헤맬 것이라고 알려주면 지도를 들고 길을 가지만 어느 사이에 역시 길을 잃고 헤매게 된다.

장래에 무슨 일이 일어날 것인지 미리 아는 것과, 앞날이 즐겁고 빛나리라는 것과는 근본적으로 차원이 다르다. 무슨 일이 일어나도 그것을 모두 그대로 받아들이는 일만이 우리에게 허락된 일이다.

인간에게 미래는 언제나 신비한 것이다. 그래서 미래는 더욱 무한한 가능성이 보인다.

앞날을 안다면 누구도 한 걸음도 나아가지 못한다. 모르기 때문에 갈 수 있는 것이다.

사람은 빈 몸으로 이 세상에 와서 빈 몸으로 간다.

그동안을 인생이라고 한다면 그것은 신으로부터 빌린 시간이다. 무슨 일이 생겨도 결국에는 신 앞에 돌려주어야 할 운명이다.

인생에서 일어나는 일은 무엇이든 다 빛나는 것이라고 생각하기로 하자.

이것이 신에게서 빌린 시간에 대한 이자이다.

불행이나 재난을 만나 슬퍼하기만 한다면
상황은 바뀌지 않는다

　불행은 해일처럼 연이어 밀려온다.

　처음이 중요하다.

　치명상을 피하고 싶으면 두 번째의 재해를 막아야 한다.

　'인간 만사 새옹지마'라고 하지만 불행은 한 번뿐이 아니라 연이어 발생한다.

　불행으로 마음이 아픈데다가 또 다른 불행이 발생하면 견디기 어려워 자포자기할 수 있고 또한 그 불행은 더욱 커질 수밖에 없다.

　한 번만의 불행이 한 번 더 겹치는 것이지만 '내 인생은 불행한 일만 계속된다.'고 확신하면 결과는 그대로가 되고 만다.

누구도 불행을 바라지 않는다고 생각하겠지만 이런 사람은 실제 자신도 모르는 사이에 잠재의식 속에서 세 번째 불행을 기다리고 있는 것이다.

외골수로 생각하며 불행이나 재난을 만나 슬퍼하기만 한다면 상황은 바뀌지 않는다. 원래의 상황으로 되돌아가지도 않는다.

슬퍼하기만 해서 두 번째 재해를 일으키는 것보다 '엎지른 물'이라고 인정함으로써 마음을 뿌리치고 전진적으로 상황을 개척해 나가는 것이 현상을 바꾸는 일이 된다.

누구나 이성적으로는 알고 있다.

그러나 문제는 실제 할 수 있는지 여부이다. 할 수 있다면 불행은 사라지고 개운해진다.

하지 못한다면 일생 동안 과거에 질질 끌려 다녀야 한다.

사람은 일단 충격을 받으면 좀처럼 재기하지 못한다. 계속 그대로 눕고 싶을 것이다.

그러나 어느 시점에서 일어나야 한다. 일어나지 않으면 두 번째 재해가 닥치고 그때에는 완전히 잠기고 만다.

딱 한 번만의 인생이 이래서는 안 된다.

〔6〕

인생에서
어느 한 쪽을 선택해야 할 일은
결코 없다

인생에는 이것 아니면 저것이라는 양자택일은 없다.

늘 또 하나의 선택 시기가 있다.

그런데 제3의 선택 시기를 알 수 있는 사람은 거의 없다.

그러므로 자신이 자신을 궁지로 몰아넣고 만다.

인생은 선택의 역사이다.

당신의 영혼이 어떤 부모로부터 태어날까를 선택한 이후 죽을 때까지 계속 선택하게 된다.

어느 학교로 갈까, 무슨 일을 할까, 누구랑 결혼할까 등 모두 선택이다.

그런데 인생에서 무언가를 선택할 때 이것이 아니면

저것이라는 양자택일뿐이라고 오해하기 쉽다. 선택은 양자택일이 아니다.

적어도 세 번의 선택은 있다. 나아갈까 물러날까 아니면 쉴까이다.

어느 한 쪽을 선택해야 할 일은 결코 없다.

그런데 사람들은 대부분 흑백을 명백히 하려고 해서 자기 자신을 궁지로 몰아넣고 만다.

지능이 높은 인간이 손해될 일을 할 리가 없다고 생각할지 모르지만 실제 그렇게 하는 일이 많다.

그 원인은 자존심, 허세, 고집 등이다. 그런 것들이 사람을 궁지로 몰아넣는 것이다.

다른 사람들이 당신의 성공이나 행복을 방해하지는 않는다. 당신의 길을 막는 것은 언제나 당신 자신이다.

인생의 중요한 시기에 어떤 행동을 해야 할지 갈피를 잡지 못하는 일이 생기면 그때는 거기에 서서 움직이지 말아야 한다.

등산 도중 안개 때문에 길을 잃었을 때는 함부로 움직이지 말고 안개가 걷혀 주위가 똑똑히 보일 때까지 기다려야 한다.

잠시 피난해 휴식을 취하는 것도 치명적인 궁지에 빠지지 않기 위한 중요한 대처 방법이다.

7

어떤 사람들 사이에서 자라는지에 따라
장래가 결정된다

사귀는 사람을 보면 그 사람이 어떤 사람인지 100%
알 수 있다.

사람은 환경에 따르는 동물이다.

정어리를 잡는 노르웨이 어부들은 환경이 바뀌면 금
방 죽고 썩어버려 팔지 못하게 되는 정어리가 오래가도
록, 잡은 정어리를 넣는 배 밑바닥에 메기를 몇 마리 넣
는다.

이렇게 하면 정어리가 긴장해서 오래 가기 때문이다.

즉 다른 것이 들어오면 무리는 긴장한다.

그만큼 같은 종은 떼를 짓고 싶어 하고 그 속에서 완
전히 안심하고 있다.

'끼리끼리 모인다.'는 말처럼 낚시를 좋아하는 사람

들은 그런 사람들끼리, 도박을 좋아하는 사람들은 그런 사람들끼리 친해진다.

동물은 같은 성질, 같은 계급, 같은 구조, 같은 종류와 함께 하면 안심한다.

인간도 마찬가지이다. 그 사람이 어떤 사람인지 알고 싶으면 그 사람에게 묻기보다 그 사람이 어떤 사람과 사귀는지, 주위에 어떤 사람이 모이는지를 보면 금세 알게 된다.

성실해 보여도 나쁜 사람과 사귄다면 그 사람의 본질은 악하다. 역으로 인상이 좋지 않아도 어울리는 사람들이 착하면 그 사람은 믿을 수 있는 사람이다.

'사람은 외면에 따르지 않는다.'라는 말은 예외 중의 예외이다.

사람은 환경의 동물이다. 무리 속의 법이나 습관이 사람을 만든다.

당신의 장래는 당신이 어떤 사람들 속에서 자라는지, 어떤 사람들 사이에서 자라 갈지에 따라 백 퍼센트 결정된다.

8

적당한 긴장과 이완이
발상을 풍부하게 한다

시타르(인도의 민속악기)는 실이 느슨해지면 좋은 소리가 나오지 않는다.

그러나 너무 팽팽해도 안 된다. 적당히 조여지고 적당히 느슨하지 않으면 마음을 감동시키는 좋은 소리가 나지 않는다.

'잠자는 시간은 죽은 시간, 그러므로 수면 시간을 줄여서라도 일을 한다.'

극성스럽게 일하는 비즈니스맨이 많은 나라에서는 이런 사람이 적지 않다.

그러나 계속 긴장만 하면 좋은 발상은 떠오르지 않는다.

사실은 잠자는 시간에도 뇌는 움직인다. 깨어 있는 동

안 입력된 정보를 처리하기 위해 고속 회전하는 것이다.

세계를 움직이는 사람들은 정계, 재계, 스포츠계, 예술계를 막론하고 모두 몸과 정신을 휴식하는 방법을 잘 안다.

일은 철저하게 하고 놀 때도 또 철저하게 논다.

생활에서 긴장과 이완을 잘 조절하면 휴식할 때도 아이디어가 떠오른다.

뛰어난 발명가 중에는 잠자는 시간에 발명했다는 일도 있지만 그들은 깨어 있는 동안에는 죽도록 연구에 몰두한다.

그리고 잠자는 시간에 발명이 떠올랐다는 사실만 봐도 알 수 있듯이 잠을 자도 발명에 대해 여러 가지 생각하는 것이다.

그만큼 열심히, 지속적으로 몰두하고 한계상황까지 긴장한 뒤에 그 긴장을 풀고 휴식을 취할 때 순간적으로 발명이 떠오르는 것이다.

인생에서는 긴장도 중요하지만 긴장을 풀고 느긋하게 쉬는 시간도 중요하다.

9

교만한 마음이 싹틀 때야말로
당신의 미래는 위기를 맞는 것이다

아무것도 모르는 사람은 선인들의 명령을 순진하게
지키므로 크게 이탈하거나 실패하는 일은 없다.

물론 커다란 성공을 거두는 일도 없지만 자신의 부족
함을 알고 있기 때문에 누구한테서도 배우려는 겸손한
자세를 갖고 있다.

그런데 경험과 실적을 쌓아 자신이 넘치게 되면 큰
성공을 거두기 전에 치명적인 실수를 범하는 일도 적지
않다.

이는 사업, 예술, 스포츠 등 모든 분야에 적용된다.

세계 신기록을 보유했다고 해도 갑자기 뛰어나가면
따뜻해지지 않은 근육은 놀라고 급격히 수축되어 끊어
지고 만다.

자신감은 필요하지만 그것이 오만이나 교만으로 바꾸면 치명적인 실패를 할 수 있다.

겁이 많다는 것은 부끄러운 일이 아니다.

겁이 많은 선수는 조금이라도 기록을 갱신하려고 준비운동을 잘하고 모든 점을 배려고 한다.

겁이 많은 것은 신중하다는 얘기이다.

겁이 많기 때문에 더 열심히 노력한다.

교만이 생길 때야말로 위험하다.

자신감을 가지고 난 후에 독단적인 행동을 하게 된다.

주위 사람들이 제지하는데도 듣지 않고 독선적인 행동을 하게 될 때가 위기이며 그때 당신의 장래도 위기라고 할 수 있다.

10

세상은 계산대로 되지 않으며
미래는 아무도 알 수 없다

'믿을 수 없다.', '기적이다.'

살아가면서 몇 번이나 이런 말을 외쳤는가?

좋은 일이든 나쁜 일이든 기적은 없다.

사람들이 기적이라고 부르는 것은 그 이유를 모르기 때문이다.

믿을 수 없을 만큼 기쁜 일이 있으면 사람은 기적이라는 말을 쓰고 싶어 하지만 이 세상에 기적 같은 것은 존재하지 않는다.

모든 일들은 미리 계획되어 있으며 우리는 그것을 집행할 뿐이다.

불가사의한 일은 없다.

살아가는 동안 '이번에는 성공한다.', '이번에는 실패한다.'고 사전에 알 수 있다면 당신은 어떻겠는가?

처음에는 '편리하다.'고 생각하겠지만 미래에 대한 아무런 희망이 없을 것이다.

성공을 기다리는 일은 즐거운 일이다. 그래서 인간은 끊임없이 도전하고 노력하는 것이 아닌가.

모든 것을 예측하고 있다면 인간이 아닐 것이다.

세상은 계산대로 되지 않는다. 미래는 아무도 알 수 없다.

그래서 인생은 재미있는 것이다.

예측이 불가능하기 때문에 '기적이다.'라고 소리치는 것도 가능하다.

마음이 구애받지 않게 되면 성공도 좋고 실패도 좋다는 경지에 이른다. 즉 미래를 담담히 받아들이는 마음을 키우게 되는 것이다.

인생

세상에 '절대' 라는 것은 없다.

절대적으로 옳은 사람도

없는 것이며

절대적으로

옳은 진리도 없다.

불완전하기 때문에

인간인 것이다.

인생이라는 무대에서는
어떤 역할을 맡더라도
늘 스포트라이트를 받고 있다는 사실이다

인생은 무대이다.

우리는 짧은 시간 안에 장면에 따라 주연, 조연, 엑스트라 역을 하게 된다.

한 사람이 여러 배역을 맡기도 한다.

잊어서는 안 되는 것은 어떤 역할을 맡더라도 늘 스포트라이트를 받고 있다는 사실이다.

인생은 레이스가 아니라 장거리 랠리이다.

'파리-다카르랠리'(프랑스의 수도 파리와 아프리카 서부에 위치한 세네갈의 수도 다카르 사이에서 매년 열리는 자동차 및 오토바이 장거리 경주)는 순위를 겨루는 경주가 되고 말았지만 원래는 사막이나 바위 등 험한 자연 속에서 인간의 존재를 실감하면서 사랑과 지혜를 배우는 행사였다.

1위, 2위가 아닌 공동의 목표를 세운다. 그러므로 사막에서 꼼짝 못 하는 팀이 있으면 도와주고 전원이 목적지에 도달하려 했다.

이것이 랠리의 정신이다.

사람의 인생도 레이스가 아니라 랠리와 같은 것이다.

인생이라는 랠리는 모든 사람들이 차례로 역할을 담당한 무대이고 각자 자기가 맡은 배역을 부지런히 연기한다.

항상 주연을 맡는 것은 아니고 어떤 때는 조연, 또는 악역을 맡아 주연을 돋보이게 하기도 하고 다음 막에서는 남이 자신을 돋보이게 해주기도 한다.

이 세상은 주고받는 세계이다.

소극단에서는 '나는 주연만 한다.'고 할 수 있겠지만 '인생극장'에서는 이는 무리한 일이다.

조연인데 주연보다 빛나는 배우가 있듯이 주연 이상으로 자기를 표현할 수 있도록 스스로 극본을 써 바꾸면 된다.

인생극장에서는 항상 당신이 극본가인 동시에 연출가인 것이다.

늘 스포트라이트를 받고 있음을 기억해야 한다.

(2)

인생은 어디까지 가도
도착했다는 목적지가 없다

인생은 여행과 같은 것이다.

여행이 즐거운 것은 목적지에 도착했을 때 느끼는 도
달감, 성취감 때문만은 아니다.

여행하는 도중에 만나는 사람, 일어난 일, 생각한 일,
느낀 일들을 감상하는 데 있다.

여행에서 제일 중요한 것은 어디에 갔는가가 아니고
어떤 여행을 했는가 하는 것이다. 여행은 결코 한 지점
에서 다른 지점까지의 단순한 이동이 아니다.

목적지에 도착한 이후는 여행이 아니다.

여행 도중에서 겪게 되는 여러 가지 사건, 따뜻한 인
정, 자연의 엄격함이나 아름다움을 경험하는 것이 여행
이 지닌 참된 맛이다. 즉 여행은 목적지가 아니라 그 과

정에 재미가 있는 것이다.

고금동서를 막론하고 많은 사람들이 시간과 돈을 마련해서 여행을 떠났다.

인도를 떠나 보면 인도가 얼마나 좋은 곳인지 확실히 알게 된다. 그와 동시에 얼마나 많은 문제를 안고 있는가도 알게 된다.

자신의 얼굴은 거울을 통해서만 볼 수 있다. 여행은 바로 거울이다.

인생은 여행과 같은 것이다.

생의 목적지는 죽음이다.

죽음에 이르면 또 저승으로 떠나야 하고 목적지에 도착하면 곧 갈아타야 한다.

인생은 어디까지 가도 도착했다는 목적지가 없다.

인생 여로는 도중에서 만난 사람, 일어난 일, 생각한 것, 느낀 것을 맛보는 것이다.

뒤돌아보고 '참으로 잘 살았다.'고 생각할 수 있는 인생을 만들고 싶은 것이다.

〔3〕
마음을 열면 열수록
파동은 섬세해진다

사람은 자기 마음의 파동과 맞는 일만을 만날 수 있다.

모르는 세계와의 만남을 즐기고 싶으면 파동을 바꾸어야 한다.

파동이 우주와 조화하면 영혼이 기뻐할 수 있는 인생이 열린다.

세상이 어떻게 보이는가?

악하고 죄 많은 사람만이 산다고 느끼는가? 그렇지 않으면 늘 좋은 사람들 사이에서 살 수 있는 것을 감사해 하는가?

세상이 훌륭하고 사랑으로 가득 찬 세계로 보인다면 당신의 마음이 섬세하고 고차원의 파동으로 가득 차 있다는 증거이다.

그런 파동이라면 당신에게 일어날 일은 즐겁고 기쁜 일들뿐이다.

이와 반대로 세상이 무서운 곳이라고 느낀다면 당신의 잠재의식 속에 무엇인가 불안감이 있기 때문임에 틀림없다.

이 경우에는 불안을 증가시킬 체험이 앞당겨질 가능성이 크다.

사람은 각자 마음의 파동과 맞는 일만을 만난다.

이것이 파동의 법칙이다.

파동을 조절하려면 선악과 이해득실을 따지는 고집을 버리고 사랑과 자비의 마음으로 행동해야 한다. 인간의 더러운 부분도 그대로 받아들여야 한다.

싫은 일을 정신적으로 부정하거나 거부하지 말고 솔직히 마음을 열면 이런 일들은 의식 속에 들어오지 않게 된다.

그렇게 하면 당신의 정신적, 영적 성장이 방해받지 않고 의식이 점점 넓어진다. 솔직히 마음을 열면 열수록 파동은 섬세해지고 신의 자리에 마음이 앉게 된다. 그러면 변화나 위기를 두려워하지 않게 된다.

영혼은 미움이나 싸움, 분노나 소란함 등의 파동으로

는 평안해질 수 없다.

　당신을 기쁘게 하려고 행운이 바로 옆에까지 왔더라도 마음의 파동이 거칠다면 행운은 더 이상 가까워지지 않는다.

〔4〕

살아 있다는 것은
사람과 자연과의 관계를
깊이 있게 하는 것이다

왜 일을 하지 않으면 안 되는 것일까?

일을 통해 사회와 조화하기 위해서이다.

왜 살아야 할까?

인생을 통해 우주와 조화하기 위해서이다.

사람은 사람과의 관계 속에서 살고 있다.

자신이 가진 무언가를 사회에 제공하고 그 대가로 생활하는 것이다.

종교적인 전도활동이든 비즈니스든 농업이나 어업이든 예술 활동이든 사람은 사회와의 관계 속에서 살고 있다.

제공하는 것은 기술이나 지식일지도 모르고 시간이

나 지혜, 혹은 감동이나 예술 그 자체일지 모른다.

이것은 항상 '주고받는' 관계이다. 사회에 준 것이 그 형태를 바꾸어 받게 되는 것이다.

일은 먹고살기 위한 수단이 아니다.

그것은 자아실현을 통하여 사회와 조화하기 위한 매개체이다. 일생을 통해 '당신 자신'을 사회에 표현하기 위한 매개체이다.

하얀 종이에 '당신 자신'을 몇 번이나 계속 그린다. 그래서 인생은 예술이라고 생각한다.

살아 있다는 것은 사람과 자연과의 관계를 깊이 있게 하는 것이다. 살아간다는 것은 사람과 자연과의 관계를 늘여가는 것이다.

산다는 것은 우주와 조화하는 것이다.

우주는 은하계나 태양계 같은 대우주만이 아니라 실은 인간 그 자체를 의미한다.

우리는 원래 우주이다. 우주에서 지구가 태어나고 지구에서 우리가 태어났다.

우주와의 조화라는 것은 우리가 돌아가야 할 자리로 돌아가는 일이다. 산다는 것은 우주의 뜻에 순응하는 일이다.

5

꿈은 생존을 위한
에너지이다

꿈이 있으므로 공부한다.

꿈이 있으므로 포기하지 않는다.

꿈이 있으므로 위험을 무릅쓴다.

꿈은 인생의 에너지이다.

누구나 웅대한 꿈을 가지고 살고 있다.

다행히 꿈이 이루어지거나 불행스럽게도 이루어지지 않거나 간에 꿈이 있는 동안 삶은 생기가 있고 즐거운 것이다.

꿈만 있으면 사람은 어떠한 역경에도 굴하지 않을 뿐만 아니라, 어떤 실패에도 녹초가 되지 않으며 어떤 장애도 넘어간다.

좋아서 하는 것이므로 자신이 초래한 위기에 대해 불

평하지 않고, 항상 꿈속에 있으므로 무슨 일을 하더라도 '꿈결에' 할 수 있다.

우리는 성공하지 않아도 살 수 있다. 성장하고 있는 자신을 받아들일 수 있다면 성공은 꼭 필요한 것은 아니다.

그러나 꿈을 말하지 못하는 인생, 희망이 없는 미래라면 사람은 더 이상 살 수 없다.

꿈을 먹는다고 하는 것처럼 사람들은 꿈을 좋아한다. 꿈이야말로 생존을 위한 에너지이다.

성공하는 사람은 언제나 미래의 꿈을 말한다.

꿈은 고독하지 않으며 많은 동지를 만들어준다.

뛰어난 종교가나 정치가, 혹은 경영자, 교육자 등은 주위 사람들을 이끌어 꿈을 공유한다.

꿈을 받아들인 사람들도 활력 있는 인생을 보낸다.

마음이 젊은 사람은 반드시 꿈을 가지고 있으며 그 꿈을 가지기만 하면 피부는 젊어지고 수명은 길어진다.

만약 그 꿈이 깨졌다고 해도 꿈이 없는 인생보다는 꿈을 가졌던 인생이 훨씬 충실한 인생 드라마가 될 수 있다.

꿈에는 부작용이 없다.

6

이 세상에
'절대'라는 것은 없다

'한 점의 의혹도 없이 나는 절대적으로 옳다.'고 주장하는 사람이 있다면 그는 겸허함을 잊은, 교만한 사람임에 틀림없다.

세상에 신 외에 절대적인 것은 없다.

인간사회에서 결정된 약속에는 '절대'라는 말은 존재하지 않는다. 대체로 옳은 사람은 많이 있을 것이며, 대충 옳은 진리도 있을 것이다.

그러나 그러한 것들은 모두 상대적인 것이다.

예를 들어 사건이 발생하면 재판이 열리지만 이 경우 검사는 검사의 입장에서, 변호사는 변호사의 입장으로 사건을 보게 된다. 그리고 판결을 내리는 재판관은 재판관의 입장에서 판단한다.

여기서 지적할 수 있는 사실은 같은 사건이라도 보는 방법에 따라 다르게 보인다는 점이다.

그렇게 함으로써 하나의 사건을 여러 방면에서 보려는 의도가 목적이지만 이는 역시 상대적인 것이고 절대적인 것은 아니다.

세상은 절대적이 아닌 불완전한 인간이 많이 모여 사는 곳이기 때문이다.

불완전한 인간들이 각자가 생각하는 절대를 끝없이 주장하고 있는 것이다.

세상 사람들은 독선을 '제멋대로'라고 규정한다.

상대의 독선은 '남의 멋대로'이다.

그러나 절대적이 아닌 세상에서는 모든 것을 있는 그대로 받아들이는 가치관이 중요하다. 이것이 '그대로'인 것이다.

있는 그대로 살아가야 한다.

7

실패하고 벽에 부딪히며,
땀과 눈물을 흘리면서
몸부림치며 사는 것도 인생이다

적당히 살아가는 것도 인생, 벽에 부딪히며 몸부림치며 사는 것도 인생.

적당히 깊이 없는 인생을 살아가는지, 매우 깊이 있는 삶을 영위하는지, 인생은 키 하나로 언제든지 방향을 바꿀 수 있다.

우리는 살아가면서 파도도 만나고 바람도 겪는다.

높은 파도도 있고 낮은 파도도 만나지만 바람이 안 불면 전진도 후진도 할 수 없다.

순풍을 맞으면 앞으로 나아가고 역풍을 만나면 뒤로 간다. 역풍을 만나면 아무리 배를 저어도 전진하지 못한다. 기진맥진해서 좌초되기만을 기다릴 뿐이다.

그런데 배 중에서도 요트는 순풍이든 역풍이든 바람이 세게 불어야 한다. 역풍이라도 돛을 잘 조절하면 순조롭게 나아갈 수 있다.

인생도 요트와 같다.

'문제가 생기면 대처하지 않고 바로 도망친다. 즉시 해결해야 할 문제도 나중에 하기로 한다. 항상 쉬운 길을 걷는다. 딱 한 번만의 인생을 도피만 하고 보낸다.'

이런 사람은 적당히 바람을 맞지 않고 살면서 세상에서 도망치는 지혜만을 배우러 온 것과 마찬가지이다.

그러나 반대로 '실패해도 괜찮아. 하지 않고 후회하는 것보다 하고 후회하는 것이 좋다.'는 도전 정신으로 인생을 살고, 실패하고 벽에 부딪히며, 땀과 눈물을 흘리면서 몸부림치며 사는 것도 인생이다.

적당히 깊이 없는 삶을 사는가, 매우 깊이 있는 인생을 사는가. 마음의 키 하나로 언제든지 방향을 조절할 수 있는 것이 인생이다.

다만 한 가지 지적할 수 있다면 삶이 파란만장하면 할수록 '살아 있다.'는 만족감을 흠뻑 느낄 수 있다는 것이다. 죽을 때 '다시 한 번 똑같은 인생을 살고 싶다.'고 할 수 있을지…….

그것은 지금 어떻게 사느냐에 달려 있다.

8

인생에 헛된 일은 없다

높이뛰기나 멀리뛰기 선수들이 시합에서 정식으로 뛸 때만 심각하고 끝없는 훈련은 헛된 것이라고 생각하겠는가?

준비 동작이 있어야 높이, 멀리 뛸 수 있다.

선수들은 결코 준비 동작이 헛된 일이라고 생각하지 않는다.

그렇기는커녕 준비 뛰기가 잘되는가에 따라 기록이 좌우된다. 이는 스포츠뿐만 아니라 모든 일에 적용된다.

이처럼 세상에 헛된 일은 없다.

쓰레기는 오래전부터 소용없는 것 중 대표적인 것으로 인식되어 왔다. 그렇지만 최근 들어 어떤 쓰레기는 처리 방법에 따라 자원으로 재활용할 수 있게 되었다.

소용없던 것이 일시에 자원으로 변한 것이다.

인생도 마찬가지이다.

'내 삶에서 헛된 일은 없다.'고 생각할 수 있는 사람만이 쓸데없는 일도 자원화할 수 있다.

실패는 성공의 어머니라는 말도 실패를 헛된 일이라고 생각하지 않고 자산으로 살려 성공을 얻게 된 경우가 많으므로 현대에 남게 된 것이다.

실패하고 그것으로 끝이라고 생각하면 절망밖에 남지 않는다.

그러나 실패는 인생에서 준비 동작과 같은 것이다.

큰 실패는 큰 성공을 위한 도약대라고 생각할 수 있으면 실패를 두려워한 나머지 한 걸음도 걷지 못하는 사람보다 큰일을 할 가능성이 훨씬 높다.

〔9〕
죽음과 다투는 일은 없다

어떻게 살 것인가?

어떻게 적극적으로 인생을 창조해 나갈 것인가?

다투는 상대는 언제나 삶이다.

힌두교를 믿는 사람은 자기가 죽을 때를 알게 되면 파티를 연다. 그리고 평상시와 같은 인사를 한 후 명상에 들어가 그대로 죽어 간다.

이를 '마하 사마디(maha samadhi)'라고 하는데 선진국에서처럼 병원에서 의사와 간호사가 돌보는 가운데 숨을 거두는 안락사와는 다른 것 같다.

어느 쪽이 좋은지는 나라마다 풍습이 다르므로 '로마에 가면 로마법에 따르라.'는 속담에 따를 수밖에 없을지 모른다.

어쨌든 분명한 사실은 사람은 반드시 죽는다는 점

이다.

이는 만국 공통의 사실이다.

죽음은 미래의 일이다. 먼 미래의 일이므로 아무도 명확한 것은 모른다.

따라서 사람들이 흔히 죽음과 싸운다는 말을 쓰지만 이 말은 오해이다. 죽을 때 사람이 할 수 있는 것은 죽음을 받아들이는 일뿐이다.

죽어야 할 때가 오면 수용할 수밖에 없다.

결국 인간이 죽음과 다툴 수는 없다.

우리가 매일 싸우는 상대는 삶이다.

어떻게 살 것인가? 어떻게 적극적으로 인생을 창조하는가? 날마다 지혜롭게 생각하고 실천을 통해 훈련하는 것이다.

이는 인생을 열심히 사는 증거겠지만 '생'에 비해 죽음은 덤과 같은 것이다.

우선 열심히 사는 것이 중요하고 죽음은 죽을 때 생각하면 된다.

신념은 역경을 이겨낼 수 있는
힘의 원천이다

콜럼버스도 신념이 있었기 때문에 불굴의 정신으로 신대륙을 발견했으며 마하트마 간디도 무저항주의를 관철할 수 있었을 것이다.

신념은 매우 신비한 것으로 마치 마술과도 같은 것이다.

신념은 인생의 큰 중심이며 재산이라고 할 수 있다.

그러나 신념에는 아주 큰 부작용이 숨어 있다.

신념 때문에 완고하게 자기주장을 굽히지 않아 치명적인 타격을 입은 사람이 적지 않다.

신념에는 좋은 것과 나쁜 것, 두 가지가 있다.

예를 들면 어떤 성자로부터 '자네는 암에 걸리지 않는 체질이다.'고 지적받은 제자가 있다.

제자는 아주 기뻐하고 주위 사람들에게도 기회가 있을 때마다 그 이야기를 했지만 2년 후 죽고 말았다. 이전부터 위가 아프다고 호소하기는 했으나 성자의 말만 믿고 그것이 신념이 되어버려 병원에서 진찰을 받았을 때는 이미 암은 말기에 이르러 대처할 방도가 없었다.

　말하자면 그 사람은 신념 때문에 죽은 것이다.

　신념은 중요한 에너지이다.

　그러나 이 경우와 같이 때로는 신념이 짐이 될 수도 있다.

　신념이 지나쳐 살아가는 데 방해가 되지 않도록 조심하자.

마음

마음속에 벽을 쌓지 말아야 한다.

자기 껍질 안에

틀어박히지 말아야 한다.

약점이 있으므로

사랑받는 것이다.

자기 자신에게

더욱 관대해야 한다.

웃음이 끊이지 않는 생활이
스트레스를 예방하고
밝은 인생을 창조한다

주위에서 벌어지는 현상은 모두 마음의 반영이다.

항상 웃음을 잃지 않고 살아가는 것이 삶을 밝게 하는 것이다.

인간은 특히 심리적인 조건에 따라 좌우되는 존재이다.

그것은 인간이 고도의 마음을 가지고 있기 때문이다.

만성 편두통 때문에 10년 이상 고생한 사람이 있었다. 그런데 후진에게 자리를 양보한 다음 날 편두통이 딱 멈췄다. 이제까지의 고통이 완전히 사라진 것이다.

과도한 책임감으로 인한 정신적인 부담으로 편두통이 온 것이었다. 그러나 편두통이 사라진 날까지 아무도 근본적인 원인을 찾지 못했다.

그만큼 스트레스는 슬그머니 다가오는 것이다. 그리고 사람의 정신과 육체를 철저히 괴롭힌다.

문명이 비약적으로 발달한 현대사회에서는 정신과 육체가 조화된 생활을 바라기가 어려워졌다.

사람들은 정신적인 부담이 많은 환경 속에서 어떻게 스트레스로부터 자신의 건강을 보호할 것인가 노력해 왔다.

당신 주변에서 일어나는 현상은 모두 당신의 마음을 반영한 것이다.

즐거운 생활은 밝은 마음에서 출발한다. 기쁨이 없는 생활에서 즐거운 마음은 생기지 않는다.

웃음이 끊이지 않는 생활이 스트레스를 예방하고 밝은 인생을 창조한다.

환영, 동의, 공감, 칭찬, 유머, 감동, 감격, 이들은 모두 웃음이 따르는 행위이다.

웃음은 스트레스를 억제하고 면역력을 높이는데 어떤 의사보다도 훌륭한 특효약이다.

건강을 회복하고 싶다면, 혹은 건전한 정신을 유지하고 싶다면 웃음을 생활화하도록 노력해야 한다.

〔 2 〕

삶의 한순간 한순간이
깨닫기 위한 기회이다

인생에서 일어나는 일들은 모두 신의 예정에 따른 것
이다.

기쁨, 절망, 교만, 의심, 질투, 모든 순간 순간이 깨닫
기 위한 기회이다.

사람은 일생 동안 실로 여러 가지 경험을 한다.

생로병사와 희로애락 등의 일이다.

이 모든 것을 받아들이고 싶지만은 않다. 오히려 삶
가운데 거부하고 싶은 일을 많이 겪게 된다.

그런 일들은 신이 당신에게 주신 과제이다.

남의 성공을 부러워한다면 그것은 자신이 아직 충분
한 자아실현을 이루지 못했음을 의미한다.

타인은 타인, 순위를 문제시하지 않고 오직 한 가지

를 목표로 세워야 한다. 남의 실패를 기대하는 마음은 당신의 생활이 경쟁심으로 인해 방해받고 있다는 사실을 입증한다.

　주전 선수에게 문제가 생기면 후보 선수라도 게임에 기용될 기회가 오겠지만 그것이 실력을 향상시키는 것은 아니다.

　당신이 다른 사람의 성과를 가로채고 타인의 실패를 기대한다면 그것은 당신이 동물적인 차원에서 벗어나지 못했음을 의미하는 것이다.

　신은 사람들이 악귀의 수준에서 인간의 수준으로 형상화하기를 바란다.

　'다른 사람의 슬픔을 자신의 슬픔으로 여긴다. 다른 사람의 기쁨을 자신의 기쁨으로 삼는다. 다른 사람의 성공을 자신의 성공처럼 기뻐한다.'

　이런 차원이 신이 사람들에게서 바라는 일이다.

　사건 하나하나를 통해 배울 수 있는 일은 매우 많다.

중요한 것은 성공이 아니며
실패해도 앞으로 계속 나아가는 정신이다

마음이 막히는 것은 배가 사막에 놓인 것과 같다.

배를 버리고 낙타로 갈아타면 쉽게 벗어날 수 있다.

마음의 탈것을 바꾸어 보라.

지도를 보며 목적지를 향해 나아가면 도중에 길이 막
히는 경우가 있다.

큰 강이나 광대한 사막, 삼림 등이 길을 막기도 한다.

그래서 타고 오던 차를 버리고 카누나 뗏목, 혹은 낙
타나 코끼리로 갈아타고 겨우 목적지에 도착하는 일도
있다.

사람이 고민하고 마음이 막막할 때는 길이 막혀 꼼짝
못 하고 있을 때와 같다.

'이제 길이 없다.', '갈 길이 막혔다.'고 단념하고 만다.

그러나 지구는 둥글기 때문에 어디로 가든 사방팔방으로 길이 있다.

아스팔트 도로는 없을지 모른다. 그러나 그 대신 강이나 사막, 산맥 속으로 길을 만들어 가면 된다. 더구나 지금까지 타고 온 것을 고집하지 않고 환경에 따라 제일 적당한 것을 골라 여행을 계속하면 된다.

인생에서 중요한 것은 성공이 아니다. 성공은 결과에 불과하다.

더욱 중요한 일은 실패해도 앞으로 계속 나아가는 정신, 그리고 발상을 전환하는 지혜를 체득하는 것이다.

이것을 할 수만 있다면 성공은 따라온다.

【4】
좀 더 자기 자신의 가치를
깨달아야 한다

한 사람 한 사람은 귀중한 생명을 가지고 있다. 생명은 여분이 없고 인생을 다시 살 수는 없다.

단 한 번 주어진 생명이다.

인간은 원래 하느님의 화신, 부처님의 화신이다.

그러나 많은 사람들이 이 사실을 모르고 있다.

'일상의 사소한 일 때문에 고민하는 별 볼일 없는 존재가 하느님이고 부처님이라니!' 하며 놀랄지 모르지만 이는 사실이다.

때로는 꽃보다 아름답고 하느님보다 성스러우며 엄숙한 존재일는지 모른다.

그러나 사람은 실패하거나 낙담하는 일이 생기면 '하느님이나 부처님은 계시지 않는다.'고 탄식하며 절망에 빠지게 된다.

불평이나 비난은 전부 신의 화신인 당신 자신에게 되돌아온다.

필자와 당신과의 차이는 '자신이 신의 화신'이라는 점을 인식하는가, 못 하는가의 차이일 뿐이다.

좀 더 자기 자신의 가치를 깨달아야 한다.

스스로 얼마나 훌륭한 능력과 가능성을 지니고 있는지 인식해야 한다. 자신이 얼마나 가치 있는 존재인가를 생각해야 한다.

자신의 가치를 깨닫게 되면 인간은 완전히 달라진다.

자신감과 자긍심을 지니고 인생을 적극적으로 개척하는 용기를 갖게 되기 때문이다.

'신은 어디에 계시는가?' 하고 주위를 돌아다닐 필요가 없다. 당신 자신이 바로 하느님이며 부처님이다.

예수 그리스도는 '하느님은 너희 안에 계신다.'고 하셨다.

부처는 '네 마음의 법등(法燈)을 켜라.'고 하셨다.

당신 자신이 곧 신의 화신이다.

5

마음속에 벽을 쌓지 말아야 한다

마음속에 벽을 쌓지 말아야 한다.

자기 껍질 안에 틀어박히지 말아야 한다.

약점이 있으므로 사랑받는 것이다.

자기 자신에게 더욱 관대해야 한다.

'자신을 좋아할 수 없다.'고 하는 사람이 적지 않다.

'아무래도 스스로를 용서 못 하겠다.'는 사람도 있다.

친구가 성공하면 축하해 주어야 한다고 알고 있지만 질투심 때문에 미칠 것 같으며 이는 행동으로도 나타난다. 그리고 그런 자신이 한심스러워 끝없이 자책하기도 한다.

이상과 현실과의 차이는 너무 크고 이 때문에 자기 혐오감에 몸서리친다.

초인이 되는 것을 목표로 하지 말아야 한다. 사람은

누구나 약점을 가지고 있기 마련이다.

성인군자와 함께 하는 시간만큼 숨 막히는 시간은 없다.

사람은 약점이 있기 때문에 사랑을 받는 것이다.

누구나 안심하고 싶다. 아무리 화장을 해도 마음을 화장할 수는 없다. 인간은 예복을 벗고 알몸이 되었을 때 모든 제약으로부터 해방된다.

질투하는 마음, 남이 실패하기를 바라는 마음, 남을 밀어내려는 마음, 이런 마음들을 용서해야 한다.

무엇보다 자기 자신에게 관대해야 한다.

어깨나 목에 힘이 들어가면 아무도 당신에게 선뜻 말을 걸지 못한다.

그러면 당신을 좋아하는 사람이나 당신의 편인 사람들도 가까이 올 수 없다.

자신의 껍질 속에 틀어박히지 말아야 한다. 그래서는 가능성이 사그라져 버린다.

마음을 열고 좀 더 여유를 가져야 한다.

6

용서는 마음을 치유하는 것과 같다

남을 용서할 마음을 지닌 사람은 다행스럽다.

왜냐하면 용서는 마음의 치유와 같은 단어이기 때문이다.

사람의 기질은 여러 타입이 있다.

예를 들어 자신에게나 타인에게 엄격한 사람이 있다.

이런 사람은 본질적으로 지도자의 소질을 지녔다. 다만 아랫사람들은 숨 쉬는 일도 눈치를 보게 될 정도로 마음이 편치 않다.

자신에게나 타인에게 관대한 사람은 살아가는데 특별한 일이 없다. 결과적으로 다른 사람의 위에 설 수 없다.

대다수의 사람들은 많건 적건 자신에게는 관대하고 남에게는 엄격한 기질을 지녔다.

자신은 못 하면서 남에게는 아무렇지 않게 요구한다. 자신의 실수는 내버려두고 남의 실수를 비판한다. 이런 사람은 솔선수범과는 거리가 멀고 인덕이 전혀 없다. 결과적으로 지도자가 되지 못한다.

드물게 보이지만 자신에게는 엄격하고 남에게는 관대한 사람이 있다.

언제나 스스로 고생하고 손해를 보는 입장이다. 언뜻 보면 남을 배려하는 마음이 두드러지지만 실은 마음이 약하고 남에게 요구하지 못하고 망설인다.

이런 사람이 지도자가 되면 전쟁을 이길 수는 없다.

누구든지 잘못할 수 있다. 미래는 예측 불가능한 일이 많기 때문이다.

그때 사람을 용서할 수 있는 마음을 가졌다면 다행이다.

용서는 마음을 치유하는 것과 같다.

사람은 불완전한 존재이다.

자신에게는 엄격하고 남에게는 조금만 엄격한 것이 알맞다.

7

문제가 발생한 연후에
이것저것 염려하고
성공한 후에 기뻐해야 한다

인간은 참으로 재미있는 존재여서 문제가 발생하기도 전에 여러 가지 쓸데없는 걱정을 하는 반면 일이 되기도 전에 기뻐하는 경향이 있다.

그런데 그런 걱정은 필요 없는 것일 수 있다. 또한 결과를 미리 예측하는 것은 김칫국을 미리 마시는 경우가 되기 쉽다.

인간은 참으로 바쁜 존재이다.

예를 들면 '정밀검사를 하는 게 좋다.'는 의사의 말을 듣고 자기가 큰 병에 걸린 것은 아닐까 하고 걱정하게 된다. 그리고 검사 결과가 나올 때까지 살아 있는 기분이 안 나고 일도 못 하겠다는 사람이 적지 않다.

결과가 나온 후에 얼마든지 걱정할 수 있다. 그전에 걱정하는 것은 그만큼 정신적으로 손해를 보는 것이다.

이 경우 진짜 문제가 아니라 가짜 문제에 농락당하는 것과 같다.

반면 성공이 확실해지기 전에 이미 성공한 것으로 간주하다가 실패하는 사람도 많다.

장기를 두다가 대국이 자신에게 유리하게 진행되면 이미 이긴 것으로 생각하고 게임이 끝난 뒤 무엇을 할까 등을 생각하다가 뜻밖의 공격을 받고 지고 마는 사람도 있다. 말하자면 틈이 생겨 지고 마는 것이다.

비즈니스 세계에서도 마지막 확인을 못 해서 파산하는 경우가 있다.

문제가 생기고 난 연후에 걱정해도 늦지 않다. 그때까지는 마음을 편히 가져야 한다.

성공을 이룬 이후에 기뻐해야 한다. 결코 방심하면 안 된다.

8

타인의 모습을 있는 그대로 소화하는 일,
그것이 가장 좋은 마음의 약이다

'저 사람 마음이 바뀐다면.' 하고 자신의 형편에 맞는 일만 기대하지 말아야 한다.

피해의식은 이제 충분하다.

고생하는 사람은 당신만이 아니다.

남을 비판하지 말아야 한다. 비판한다고 생기는 것은 아무것도 없을 뿐더러 자기 마음만 거칠어질 뿐이다.

'왜 내 마음을 이해 못 하느냐.'고 불평하지 말아야 한다. 상대는 모른다.

자기가 베푼 것은 아무리 조그만 것이라도 언제까지나 기억하지만 남의 친절이나 은혜는 금방 잊어버린다. 그러니까 상대에게 언제까지나 감사하라고 요구를 하지만, 은혜를 받은 것은 쉽게 잊어버린다. 그러므로 상대에게는 아무것도 느끼지 않는다.

인간은 이런 존재이다. 그리고 마찰은 이런 차이를 이해하지 못하는 데서 발생한다. 오히려 답답함을 느끼는 것은 은혜를 받은 사람이 아니라 베푼 사람이다. 베풀고 마음까지 거칠어지므로 이중으로 손해를 보는 것이다.

해결방법은 간단하다.

베푼 것을 완전히 잊어버리는 것이다. 상대는 기억하지 않으므로 같이 잊어버려야 한다.

마음대로 되지 않는 일을 마음대로 하려 하면 안 된다.

그렇게 하면 마음은 영원히 풍부해지지 못한다.

은혜를 모르는 사람은 상대뿐만이 아니다.

당신도 마찬가지이다.

서로 과거에 대해서는 깨끗이 잊어버리면 되는 것이다.

9

신으로부터 받은 능력을
어떻게 사용하는지가 문제이다

사람은 사랑한 일, 베푼 일, 믿음을 준 일 등은 잘 기억한다.

그리고 버림받은 일, 빼앗긴 일, 배신당한 일 등은 잊어버리지 못한다.

이 모두를 배우는 일이라고 생각한다면 마음은 감사의 생각으로 충만해질 것이다.

인간의 기억력은 대단한 것이다.

이 기억력 때문에 인간의 문화와 문명이 여기까지 발달해 왔다.

사물에는 반드시 양면성이 있다.

기억력이 있으므로 언제까지나 원망을 잊지 못한다는 사실도 부정할 수 없다.

시험은 얼마나 기억하는지가 문제이므로 기억력이 좋은 사람이 압도적으로 유리하다.

그러나 신이 우리에게 주신 능력에는 기억력 외에 잊어버리는 능력(망각력)도 있다. 더구나 표면 의식으로 생각하면 망각력이 더 강하다.

감성은 지성이 아니다. 분명히 기억하는가, 않는가와는 관계가 없다. 생각이 안 나도 문제없다. 표면 의식을 잊어버려도 잠재의식이나 영혼은 똑똑히 기억한다.

기억력, 망각력, 그 자체에는 좋다 나쁘다가 없다.

신으로부터 받은 능력을 어떻게 사용하는지가 문제이다.

사람은 상대를 사랑한 일, 베푼 일, 믿음을 준 일만은 잘 기억한다.

또 버림받은 일, 빼앗긴 일, 배신당한 일은 잊지 못한다.

그러나 이 모든 일을 경험으로 삼아야 한다. 모든 것들이 언젠가는 추억이 되기 때문이다.

인생을 돌아볼 나이가 되었을 때, 좋은지 나쁜지를 떠나 추억이 많은 삶은 좋은 것이다.

사랑받은 일, 은혜받은 일, 신뢰받은 일들을 생각하면 마음은 감사의 생각으로 가득하게 될 것이다.

10

가만히 있는 것은
함부로 움직이는 것보다
훨씬 어려운 일이다

　사람은 혼돈에 빠지면 어떻게 하는가?

　가만히 침착하게 대책을 생각하지 않는다.

　낙하산이 펴지지 않을 때 경험이 풍부한 비행사는 보조 낙하산을 작동시킬 것이다.

　그러나 경험이 부족한 비행사는 어떻게 해야 할지 모른다.

　낙하산이 펴지지 않을 경우의 대처요령은 여러 번의 말로 주의를 받아도 소용이 없다.

　몸이 기억할 수 있는 단계까지 경험을 쌓지 않으면 침착하게 대응하지 못한다.

　이것이 바로 비상사태이다.

그렇게 되지 않기 위해 비행사는 여러 번 비상사태를 가상해 예비훈련을 반복한다. 그리고 조건 반사적으로 대처할 수 있을 때까지 계속 익히는 것이다.

마음을 닦는 일도 이와 비슷하다.

머리에 입력하는 일에는 한계가 있다. 최악의 경우에는 하나도 유효하지 않을 수도 있다.

따라서 비상사태에는 경험이 중요하다.

예기치 못한 사태에 직면하면 마음이 혼란에 빠진다.

이때 가만히 있는 것은 어려운 일이다.

그러나 혼란을 해결하려면 움직이지 말아야 한다. 아무 예측도 없이 함부로 움직이면 되돌아올 수 없다.

가만히 있는 것은 함부로 움직이는 일보다 훨씬 어렵다.

인격

인간이 아름다운 때는
이기고 자랑할 때가 아니다.
지고 나서의 태도가
더 중요하다.
패배의 미학이
사람을 더욱 빛나게 한다.

1

말은 그 사람의

인간성 전체를 나타낸다

재치 있는 말을 쓸 필요는 없다.

자기 자신의 말을 쓰면 그것이 아무리 진부한 내용이
라도 사람의 마음을 움직인다.

직업 화가가 그린 그림은 훌륭하다.

그림뿐만 아니라 조각이나 건축물도 전문가가 만든
작품은 구석구석까지 배려가 있어 보는 사람의 마음을
감동시킨다.

그러나 직업 예술가가 아니더라도 감동을 주는 작품
을 감상할 기회는 적지 않다.

어린이의 무심한 작품들은 감동을 준다.

작품이라기보다 낙서에 가까울지 모르지만 마음을
따뜻하게 한다는 점에서 직업 예술가도 이길 수 없을

것이다.

어린이들의 작품이 감동을 주는 것은 거기에 계산이 없기 때문이다.

철저하고 면밀하게 계산된 예술 작품들도 감동을 주지만 완전히 무심하게 만들어진 작품도 감동을 준다.

아마추어라도 사람을 감동시키는 일이 있다.

상술을 쓸 줄 모르는 상인에게 오히려 신뢰감이 가는 것을 당신도 경험하였을 것이다.

세상에는 프로도 이길 수 없는 아마추어의 장점이 있다.

남에게 재치 있는 말을 하려고 꾸미지 않아도 된다.

어쨌든 계속 그럴 수는 없을 것이다.

말은 그 사람의 인간성 전체를 나타낸다.

말은 마음의 분신이다.

자신의 말로 이야기하는 한 아무리 진부한 내용이라도 사람은 감동받게 마련이다.

2

살아 있는 말은
말하는 사람의 체온을 전하는 말이다

여러 차례 머릿속으로 되뇐 이론이 아니라 사람의 체온을 전할 수 있는 말로 대응해야 한다.

진심을 전한다. 모든 행동에서 중요한 일은 이것뿐이다.

도금한 것은 금방 벗겨지지만 순금은 영원히 벗겨지지 않는다. 진짜이기 때문이다. 진짜는 어디를 잘라도 같다.

어제 일과 오늘 일이 다른 점이 있다면 한 쪽은 진짜이고 다른 쪽은 가짜라는 것이다.

말이라는 것도 진심에서 나온 말과 머릿속에서 나온 말이 있다.

'말 한 마디가 사람을 살린다.'고 하지만 사람을 감동시키고 공감시키는 말, 절망한 사람의 마음에 등불이 되는 말, 삶의 의욕을 불러일으키는 말, 이런 말들은 모두 머리로 여러 번 생각해낸 말은 아니다.

살아 있는 말은 말하는 사람의 체온을 전하는 말이다.

상대의 슬픔과 기쁨, 고생과 아픔을 자신의 것으로 느낄 수 있으므로 다정한 말이 나온다.

이런 말을 화술로 배울 수 있을지도 모른다.

그러나 그것은 너무나 허무하다.

인간에게도 도금과 순금이 있다.

화술로부터 느끼는 것과 인간성으로부터 느끼는 것과는 아주 큰 차이가 있다. 말을 들은 당신은 그 차이에 놀라 상대에 대한 신뢰까지도 잃을지 모른다.

기술이 아니라 진심을 다하는 것. 모든 행동에서 중요한 것은 이것뿐이다.

〔 3 〕

어떤 지위의 사람에게나
어느 정도 예의 있게 행동하는 사람이야말로
인격자이다

벼락부자는 돈이 많은 것을 자랑하려 하지만 진짜 부자는 반대로 돈을 감추려 한다.

품격은 돈을 버는 방법에서가 아니라 돈을 쓰는 방법에서 나타난다.

사람됨은 어떤 행동을 보면 단번에 알 수 있다.

예를 들면 자기보다 지위가 낮은 사람 혹은 반대로 지위가 훨씬 높은 사람을 대할 때의 태도이다.

전자에게는 오만한 태도, 후자에게는 비굴한 태도이다.

이렇다면 인격이 없는 것을 한눈에 알 수 있다.

윗사람이나 아랫사람을 대할 때 태도가 변하지 않는

사람이 있다.

누구에게나 오만한 태도로 대하는 사람은 교만한 사람이다.

어떤 지위의 사람에게나 어느 정도 예의 있게 행동하는 사람이야말로 인격자이다.

교육 배경이나 가정교육은 인격을 형성하는 데 중요한 요소이다. 따라서 인격이 하루아침에 이루어지는 것은 아니다.

인격은 어려서부터 몇 번씩이나 반복해 훈련을 받아 세포 하나하나에까지 스며든 성분과 같다.

인격은 순금이다.

인격은 돈을 모으는 방법이나 버는 방법에서 나타나는 것이 아니라 쓰는 방법에서 나타난다.

저금한다는 것은 극히 개인적인 일이다. 버는 일은 회사관계 범위의 일일 것이다. 하지만 돈을 쓰는 일은 사회적인 행위이다.

기부나 투자행위 등 돈은 천하를 도는 것이므로 쓰면 쓸수록 사회적인 가치는 늘어난다.

벼락부자는 돈이 많은 것을 자랑하려 한다. 평소 가진 것이 없었기 때문에 남에게 보여주고 싶어 견딜 수가 없다. 자신이 갖고 싶은 것은 남도 갖고 싶어 한다고 단순히 생각하기 때문이다.

그러나 진짜 부자는 돈을 감추려고 한다. 그 결과가 어떤지 과거에 배웠기 때문이다.

[4]
패배의 미학이
사람을 더욱 빛나게 한다

시합에 승리하고 찬사를 한 몸에 받는 챔피언은 누구에게나 빛나 보인다. 인생에 있어서 높고 깊은 영화를 얻은 순간이다.

아무도 서둘러 퇴장하는 패자를 따라가려 하지 않는다.

지금은 이겨 찬사를 받고 있는 챔피언도 언젠가는 질 것이다. 영광의 순간에 삶을 끝내는 사람은 거의 없다고 할 수 있다.

사람은 승리의 미학을 안다. 그래서 빛나는 챔피언은 한순간 영웅이 될 수 있다.

그러나 일상생활 속에서 인간이 아름다운 순간은 승리한 후 자랑할 때가 아니다.

그것은 패배한 때이다. 지고 나서 어떤 태도를 보이는가가 더 중요하다.

뭐라고 한 마디 던지고 나가버리는 사람, 패배를 슬퍼하면서 자리를 뜨는 사람, 그 자리를 얼버무려 모면하는 사람, 완전히 혼이 빠져 멍하게 되는 사람……

사람마다 가지가지이다.

담담하게 패배를 인정하고 상대를 축복하는 사람도 있다.

이런 사람들에게 졌다는 사실은 패배가 아니라 인생에 있어서 순간적인 휴식을 의미한다.

그에게 패배는 다음 도전을 위한 기회이다.

'그는 반드시 부활할 것이다.'고 느껴지는 사람은 모두 깨끗하게 질 줄 아는 사람들이다.

패배의 미학이 인간을 더욱 빛나게 만든다.

깨달음은

인간을 가장 아름답게 만든다

인간은 길을 헤매면서 신에게 이르게 된다.

길을 잃고 헤맴 속의 깨달음, 깨달음 속의 헤맴, 날마다 깨닫고 날마다 헤맨다.

이 같은 과정을 반복하면서 인간은 점점 신에게로 다가서는 것이다.

깨닫는다는 것이 특별히 큰일은 아니다. 알게 된다는 것이다.

일하면서 요령을 알게 된다, 그림을 그리면서 아름다움을 알게 된다, 이런 일들도 모두 깨달음이다.

인생을 걸어가면서 삶의 요령을 알게 된다, 인간의 본질을 알게 된다, 이것도 깨달음이다.

인간은 깨달음 속에서 영원히 살 수 있는 것은 아니

다. 사람이 순간순간 길 잃음은 깨달음이기도 하고, 깨달음은 길 잃음이 될 수 있는 삶을 살아가고 있다.

또한 깨달음에는 큰 깨달음과 작은 깨달음 등 여러 가지가 있다. 크고 작은 깨달음 사이에 존재하는 것이 길 잃음이다.

잠자지 않으면 깨는 일은 없다. 마찬가지로 헤맬 때는 마음이 잠을 자는 시간이다.

마음의 잠에서 깨는 것이 깨달음이다.

헤맴이 있어야 깨달음이 있고 깨달음이 있어야 헤맴도 있다.

사람이 깨닫는다고 목석이 되지는 않는다.

깨달음은 인간을 가장 인간답게 만든다.

깨달음은 인간이 자연으로부터 가장 잘 훈련받는 것이다.

슬플 때는 슬퍼한다.

기쁠 때는 기뻐한다.

화날 때는 화를 낸다.

걱정이 있으면 걱정하는 것이 자연스러운 삶이다.

함부로 깨달은 척할 필요는 없다.

다만 고집을 부리지 말아야 한다.

고집을 부리는 것이 바로 헤매는 일이다.

〖 6 〗

반성은

자신을 솔직히 분석하는 일이다

자신을 아는 일은 매우 어렵다.

자신의 개성, 장점, 단점을 분명히 자각하는 사람은 거의 없다.

누구나 남에게는 관심이 있지만 제일 중요한 자신에 대해서는 뜻밖에 무관심하다.

소크라테스는 '너 자신을 알라.'고 했다.

아리스토텔레스는 '무지의 지(知)'를 제시했다.

그만큼 자기 자신을 아는 일은 어렵다.

당신 자신에 대한 스스로의 평가와 타인의 평가는 상당한 차이가 있다. 당신은 회사를 위하여 열심히 이바지하고 있다고 생각할는지 모른다.

그러나 경영자가 보기에는 당신이 좀 더 열심히 일했

으면 하고 생각할 것이다.

아마 평가의 차이는 100 대 1 정도일 것이다.

이 차이가 큰가 작은가는 논외로 하더라도 그만큼 자신을 알기가 어렵다는 것이다.

자신의 개성은 물론 장점이나 단점을 확실히 자각하는 사람은 거의 없다.

더구나 자신의 단점을 후하게 봐주는 것이 누구나 갖는 버릇이다.

이는 반성이 부족하기 때문이다.

반성은 스스로 기분을 위축시키는 일이 아니다. 자신을 솔직히 분석하는 일이다.

장점도 분석해야 한다. 물론 단점도 분석하고 객관적으로 인식해야 한다.

남에게는 갑절이나 관심을 보이면서도 가장 중요한 자신에게는 뜻밖에 무관심하고 미적지근하게 대하는 법이다.

{ 7 }

자신을 잘 알지도 못하면서
남을 제대로 알 도리가 없다

누구나 남의 단점은 금방 알 수 있다.

사람들은 원래 비평가적 소질을 타고났으므로 단점은 쉽게 보인다.

남의 장점을 볼 줄 아는 사람은 대단한 사람이다. 감수성이 예민하고 감성이 풍부한 사람이다.

왜냐하면 그 사람의 장점이라는 것은 상대에게 관심을 갖고 찾지 않으면 좀처럼 볼 수 없는 것이기 때문이다. 장점을 본다는 것은 그 사람에 대해 관심을 많이 가지고 있다는 증거이다.

반대로 자신은 내버려두고 남을 비판만 하는 사람들은 불행히도 남의 단점만을 보고 장점을 파악하지 못한다.

구경하는 사람이 잘 안다고 하지만 남의 약점만 보는 사람은 인간성의 반밖에 보지 못한다.

더구나 이런 사람은 자기 자신도 결코 파악하지 못한다.

상대의 희로애락을 알지 못하는 사람은 남을 알 도리가 없다.

남의 마음을 모르기 때문에 부주의하게 지껄인 말이나 행동으로 상대를 화나게 하거나 남의 원한을 사게 된다.

자신은 전혀 기억이 없는데 원한을 샀다는 사람은 실은 감수성이 원래 약한 사람이다.

그리고 남의 단점밖에 볼 줄 모르는 사람은 사랑이 모자라는 사람이다. 정신적으로 남을 용서할 여유가 없는 것이다.

사람은 강인한 육체와 정신만으로는 살아갈 수 없다.

남의 개성을 이해하고 단점을 받아들이는 사랑이 없으면 아무도 협력해 주지 않는다.

8

건강은 바로 인격이다

건강은 자신의 몸에 대한 배려뿐만이 아니라 주위를 위한 배려이다.

사람이므로 병도 나고 다치거나 몸이 안 좋을 때도 있을 것이다.

그때 당신의 주위 사람, 특히 당신의 가족은 어떤가? 틀림없이 걱정할 것이다.

그들은 때로 여행을 취소해야 할지 모른다. 일을 해도 열중하지 못할 것이다.

가족들은 당신을 사랑하기 때문이다.

당신이 건강히 잘 지내는 일, 가족들에게 이보다 더 좋은 선물은 없다.

선진국의 국민들 중에는 건강을 유지하기 위해 운동을 하는 사람이 늘고 있다.

예를 들어 골프, 수영, 체조, 에어로빅 등이 각광을 받고 있다.

현대사회는 고도의 문명사회, 먹는 사회가 되고 말았기 때문에 이제 식사를 제한하는 것까지 건강법의 하나로 주목받고 있다.

그러나 선진국 국민들 열 사람 중 아홉 사람이 운동도 그만하고 쉬는 것이 중요하지 않는가 하고 생각한다. 몸을 단련하기보다 아무 일도 안 하고 푹 쉬는 것이 필요하다.

은퇴하고 나서 푹 쉰다고 생각하는 사람도 있겠지만 은퇴 후에는 쉬려고 하지 않아도 쉬는 일밖에 남지 않게 된다.

정신 건강, 육체 건강을 위해서는 아무것도 생각하지 말고 아무것도 하지 말고 쉬어야 한다.

인간에게 건강을 유지하기 위해 휴식은 중요한 일이다.

9

감사하는 마음은 제삼자까지 이끌어
더욱 넓어지는 에너지이다

길을 가다가 꽃을 보고 아름다움을 느끼지 못하면 그 사람은 안타까운 사람이다. 바쁜 사람은 길가에 조용히 피어 있는 꽃을 볼 틈도 없을지 모른다.

타인의 친절함을 모르는 사람은 더욱 안타까운 사람이다.

가난한 사람은 마음을 귀중하게 여길 줄 아는데 부자는 형태가 없어서 보이지 않는다고 빈정거린다면 이보다 비참한 일은 없다.

옛날 어느 왕이 부처를 초대해 대접하고 그가 돌아가는 길을 등불 만 개로 빛내려 했다. 그 소문을 들은 거지 할머니도 등 하나를 밝히고 싶었다. 그리고 등 하나를 위해 자신의 모든 재산을 썼다.

다음 날 왕의 등불은 모두 꺼졌는데 할머니의 등은 활활 타고 있었다고 한다. 부처의 제자인 목련존자가 이 등불을 신통력으로 끄려고 하자 부처는 자신의 전부를 바쳐 켠 등은 꺼지지 않을 것이라고 깨우쳤다.

감사의 마음은 이 할머니의 등과 같은 것이다.

감사의 마음을 전하기 위해 '고맙습니다.'라고 주위 사람들에게 말하자. 감사하는 사람도, 그 말을 듣는 사람도 마음이 풍요로워진다.

감사한다는 말 자체가 바로 에너지이기 때문이다. 감사의 표시는 사람들에게 기쁨의 에너지를 전달해 준다. 게다가 이는 파동이기 때문에 주위로 전파된다.

즉 감사하는 마음은 제삼자까지 이끌어 더욱 넓어지는 에너지이다.

감사하는 마음으로 세상이 조화롭게 되면 사람들이 다른 사람들을 다시 인식하게 될 것이다.

그러면 싸움은 사라질 것이다.

10

할 말이 없어서
침묵하는 것은 아니다

말이 없는 사람은 화제가 없어서 그런 것이 아니라 할 말이 많아서 어디서부터 말하면 좋을지 몰라 침묵하는 것이다.

말이 많은 사람은 아무것도 말하지 않는 것과 같다.

그것은 자기만족에 불과하다.

예를 들어 당신이 실수를 하는 경우 윗사람들은 어떤 반응을 보이겠는가?

화를 내거나 경고한다면 그리 큰 문제는 아니다.

그는 노여움을 가라앉히기 위하여 감정을 발산할 뿐이다. 말은 많지만 감정이 남지는 않는다.

그러나 말없이 물끄러미 쳐다본다면 그는 노여움을 넘어 부하를 포기한 것이다. 말하자면 무언의 압력을 표시한 것이다.

사람의 감정이 극단에 이르면 아무것도 나오지 않게 된다.

슬픔이 극단에 이르면 눈물도 나오지 않는다.

정말로 곤란할 때는 도움을 청하는 것마저 잊어버리는 법이다.

너무나 바쁠 때는 '바쁘다.'는 평소의 입버릇도 나오지 않게 된다.

사람이 극한의 경지에 처하면 모든 기능이 정지하게 된다.

말을 잘 못 하는 사람은 감성이 둔해서가 아니다. 너무나 많은 감성을 표현할 방법을 찾지 못한 것뿐이다.

운명

영광도 성공했던 경험도

과거는 과거로써

잊어버려야 한다.

세상에는

버려야 얻을 수 있는

일이 많다.

﹝1﹞
마음을 바꾸어 먹는 것,
모든 것이 이로부터 시작된다

사업을 할 때는 자료를 이용하거나 컴퓨터를 활용하지만 자기 인생을 어떻게 할 것인가를 컴퓨터에게 맡길 사람은 없을 것이다.

인생을 효율적이고 능률적으로 살아가고 싶다고 해도 그리 마음먹은 대로 되는 것은 아니다.

얼마간의 성공과 얼마간의 실패, 어느 때는 행복하기도 하고 어느 때는 불행하기도 한 것, 다소의 차이는 있어도 삶은 다 그런 것이다.

'운이 없어서 실패만 한다.'

'너는 운이 있어서 잘됐다.'

자주 이렇게 말하지만 이는 운을 보는 마음의 차이이다.

운이 있는가 없는가는 주관적인 것이다. 본인 스스로 운이 있다고 생각한다면 아무것도 없다고 할 수 없다.

'운이 있다.'

'좋은 일만 생긴다.'

'일도 가정도 모든 일이 순조롭다.'

운은 자신이 불러오는 것이다. 이는 좋은 일, 나쁜 일 모든 것에 해당된다.

'운이 없다.'

'이상한 일만 생긴다.'

'요새 일이 잘 안 된다.'

이 같은 부정적인 현상을 불러오는 원인은 바로 자신에게 있다.

현재의 자신에게 스스로 만족하지 못한다면 마음을 바꾸어야 한다.

〔2〕

오직 최선을 다하고
기다리면 된다

모르는 것을 알려고 하는 것이 과학의 출발이지만,
인간은 결국 모른다는 사실만을 알게 될 것을 각오해야
한다.

물질적인 것이 당신을 본질적으로 바꿀 수는 없다.

물질은 아무 영향력도 지니지 않기 때문이다.

인간은 정신적인 존재이다.

사람은 빈손으로 태어나 빈손으로 간다고 하지만 모
든 일을 절대 신뢰하고 관용으로 받아들이면 삶과 관계
되는 모든 일이 가치 있게 보인다.

인간은 원래 비판하지 않고 용서하며 솔직히 받아들
이고 자기처럼 남을 사랑할 수 있는 마음을 지니고 있다.

이런 마음의 파동이 당신을 보다 좋은 운명으로 인도

한다.

그렇게 되면 당신의 과거는 지금까지의 평가와는 다른 가치를 지니게 되고 미래는 즉시 변하게 된다.

잠을 자던 영혼이 드러나면 직관이 당신을 지키게 된다.

아무런 걱정을 할 필요가 없다.

잘되는 일은 잘되도록, 잘되지 않아야 하는 일은 잘되지 않도록 신은 모두 처리해 준다.

오직 최선을 다하고 기다리면 된다.

그리고 결과는 신에게 맡기면 된다.

〔 3 〕

인생의 밑바닥은
마음과 영혼을 치유하는 도약대이다

　밑바닥은 맨 밑이지만 인생에는 밑바닥보다 낮은 곳
이 있다. 그곳을 구렁텅이라고 하겠는가.
　사람들은 구렁텅이에 빠졌다고 스스로를 원망한다.
　더구나 자신을 구렁텅이에 빠뜨린 다른 사람들에게
책임을 떠넘김으로써 스스로를 위안하려 한다.
　'사는 곳이 고향'이라고 구렁텅이에는 괴로움도 있지
만 따뜻함도 있다. 구렁텅이의 따뜻함을 아는 사람은
그곳에 이르게 된 일에 대해 감사하게 된다. 그리고 이
감사의 마음을 통해 한층 더 성장한다.
　당신도 나름대로 밑바닥을 경험한 적이 있을 것이다.
　구렁텅이에 떨어지는 일은 쓰라린 경험이긴 하지만
허무한 일은 아니다. 구렁텅이 속에서 맛보는 희로애락

은 경험하기 어려운 것이다.

구렁텅이에 떨어지는 것은 약한 사람들의 마음을 이해할 수 있게 하기 위해서일지 모른다. 또는 휴식을 취하라는 충고일 수도 있다.

밑바닥에서 보면 위의 상황이 더욱 분명히 보일 것이다. 사람의 마음도 이해할 수 있게 된다.

당신이 어려움에 처했을 때 도움을 주는 사람, 완전히 잊어버리는 사람, 더욱 방해하는 사람, 당신은 밑바닥에 빠진 덕분에 모든 사람을 관찰할 수 있다.

당신이 열심히 일하고 성실하게 산다면 반드시 지켜보는 사람이 있다. 그 사람이 구렁텅이에서 당신을 끌어올려 줄 것이다.

차분히 생각할 시간도 많고 반성도 했을 것이다.

구렁텅이는 인생의 도약대이다.

마음과 영혼을 치유할 수 있는 오아시스이다.

〔4〕

운명을 역전시키고 싶으면
과거에 경험한 좌절은 완전히 잊어야 한다

인간은 경험을 통해 배우는 존재이다.

기억을 살리고 과거의 자료를 통해 성공에 이르기 위한 법칙을 만들어내는 존재이다.

우리는 성공을 위한 법칙을 생활의 지혜 혹은 살아 있는 교훈이라 부르며 중요하게 생각해 왔다. 성공한 경험에 맞추어 사태를 판단하는 경우가 많으므로 경험이 많고 과거의 일을 잘 아는 노인들이 존경을 받는다.

'전례가 없다.'는 말은 세계 어느 지역에서도 뿌리 깊게 살아 있다. 이를 보더라도 과거에 성공했던 경험을 버리는 일이 얼마나 어려운지 알 수 있다.

그러나 때로는 성공한 경험을 버려야 할 때도 있다.

지혜도, 교훈도 시대가 크게 바뀔 때는 아무런 도움

이 되지 못할 뿐 아니라 오히려 방해가 될 수도 있다.

이제까지의 처방전으로는 대처할 수 없을 만큼 큰 문제가 생겼기 때문이다.

예를 들어 정치나 경제체제가 180도 전환된 시대, 이때는 이제까지의 경험, 즉 상식이 통하지 않는다.

이제까지의 발상을 전환하지 않으면 살아남을 수 없다.

운명을 역전시키고 싶으면 과거에 경험한 좌절은 완전히 잊어야 한다.

물론 과거의 영광이나 성공했던 경험도 과거의 일로 잊어버려야 한다. 과거의 영광에 집착하면서 사는 것은 노인의 특징이다.

미래를 살 각오가 있다면 버려야 한다.

5

현재 자신의 성격이 마음에 들지 않는다면
패턴을 한번 부숴야 한다

당신의 성격은 자신의 기질에다가 가정교육이나 학교교육 등, 특히 부모와 친구 등 인적요소에 의해 크게 영향을 받는다.

성격은 주위 사람들과 복잡하게 관계를 맺고 형성된다. 그것은 긴 세월을 두고 서서히 숙성된다.

사람과 다투기만 하는 사람, 거짓말을 해서 신뢰를 잃는 사람, 생각나는 대로 바로 행동으로 옮기는 사람도 있고 잘 생각해서 과감히 실행하는 사람도 있으며 또 신중하게 가만히 있는 사람도 있다.

운명이 성격을 만드는 것은 아니다.

그러나 성격은 분명히 당신의 운명을 좌우한다. 더구나 큰 영향을 미친다.

성격 때문에 실패만 한다고 생각하는 사람도 적지 않다.

가능하다면 인생을 처음부터 다시 살고 싶다고 생각하거나 자신의 모습을 완전히 바꾸고 싶다고 생각하는 사람도 많은데 이들은 근본적으로는 성격에 대한 고민과 불만을 가지고 있다.

그러나 아무리 성격을 바꾸려 노력해도 되지 않는다는 사람들의 대부분은, 성격을 바꿀 수 없다고 믿는다.

그렇지만 성격은 마음의 버릇이므로 패턴이 있다. 성격을 바꾸기 위해서는 분석하고 대책을 생각하는 것이 중요하다.

벌컥 화를 내도 손을 들지 않는다거나 말을 하지 않고 그 자리에서 피해 버릴 수도 있다.

거짓말을 하는 사람은 악의가 있어서가 아니라 서비스 정신이 많아서 그렇겠지만 결과적으로 남의 기대를 저버리게 된다. 그러니 말할 때는 '기대에 어긋나지 않는지 모르겠지만'이라고 덧붙이는 것이 좋다.

만약 당신이 성격을 바꾸고 싶다면 버릇을 한번 부숴야 한다.

6

성실한 사람은
자신에게나 상대에게 무리하지 않는다

머리가 좋다고 그 사람에게 신뢰감을 가지는 것은 아
니다.

우직할 때 더 신뢰감이 주어지는 경우가 많다. 우직한
사람은 대체로 성실하고 거짓말을 하지 않는 사람이다.

사람들은 누가 성실하고 성실하지 않은가를 보지 않
는 것 같지만 실은 보고 있다.

예를 들어 이 사람은 셈이 빠르기 때문에 자신의 이
익이 되지 않으면 도와주지 않을 것이라고 느끼거나 혹
은 저 사람은 정 때문에 움직이는 사람이므로 '당신밖
에 부탁할 사람이 없다.'고 솔직히 상담하거나 한다.

계산이 빠르다거나 정 때문에 움직인다든가는 누구
에게서 들은 이야기가 아니다. 사람들은 타인의 행동에

민감해서 사흘만 관찰하면 그 사람이 어떤 사람인지, 그의 본질이 어떤지 분명히 알게 된다.

성실하다는 것이 상대의 기대나 요구에 모두 응하는 것은 아니다.

성실함은 심부름센터가 아니다.

성실한 사람은 자신에게나 상대에게 무리하지 않는다.

맡아도 못 할 일은 단호히 거절해야 한다. 이것이 성실한 것이고 무리하지 않는 것이다.

인생을 진지하게 살고 있으면 경솔하게 떠맡지 않을 것이다.

무리하지 않음은 소극적인 것이 아니다. 성실하게 책임을 지기 위해 당연한 일이다.

마지막 책임까지 일을 소홀히 하지 않는 배려가 중요하다.

7

꿈을 이루기 위해서는
한 걸음 한 걸음 착실히 전진해야 한다

젊은 시절 큰 꿈을 가지는 것은 훌륭한 일이다.

그러나 그 꿈을 이루기 위해서 한 걸음 한 걸음 전진하는 것을 귀찮게 생각해서는 안 된다.

천리 길도 한 걸음부터라고 하지만 무엇이든 쌓아가는 것이 중요하다. 그렇게 해서 큰일이 되는 것이다.

꿈을 빨리 실현하고 싶어서 '더 큰일을 맡고 싶다, 작은 일은 진지하게 못 하겠다.'고 하는 사람에게 주위 사람은 결코 큰일을 맡기려고 하지 않을 것이다.

일할 때는 그물의 눈을 하나하나 셀 수 있을 만큼 성실하고 신중한 배려가 요구된다.

우선 양을 추구해야 한다. 양을 추구하면 질은 따라온다. 작은 일을 경시하지 말고 전부 맡는 것이 중요할 때도 있다.

그런 모습을 누군가 꼭 보고 있을 것이다.

그리고 나서 커다란 기회를 잡을 수 있다.

'해야 하는 일', '지금 할 수 있는 일'을 확실히 하는 것이 중요하다. 그 대가로써 하고 싶은 일에 도전할 권리를 받게 된다.

순서가 틀려서는 안 된다.

성공을 노리는 것은 중요하고 그것을 위해서 활동하지만 때에 따라 실패를 두려워하지 않고 도전하는 자세가 더 가치가 있을 수 있다.

꿈을 추구하는 일은 중요하지만 걸음이 휘청거려서는 안 된다. 한 걸음 한 걸음 착실하게 나아가야 한다.

실패나 성공이라는 경험을 통해 무엇보다도 당신 자신이 인간적으로 성장해야 한다.

{ 8 }

생각났을 때가
바로 행동해야 하는 때이다

아주 조그마한 거짓말을 했다면 그 거짓말을 감추기 위해 또 거짓말을 하게 된다.

그 거짓말을 또 다른 거짓말로 덮어 버리면 처음 했던 조그만 거짓말은 엄청난 거짓말로 변하게 된다.

처음에는 무엇이든 작은 것이다.

산을 모두 태울 만큼 큰 산불이라도 처음에는 나무 한 그루 한 그루가 스쳐 마찰열이 생긴 데서부터 시작된다. 그 단계에서 잘 대처했다면 작은 산불로 끝났겠지만 방치했다가 비참한 사태로 악화된 것이다.

이와 마찬가지로 처음에는 아주 조그만 거짓말을 하지만 그것을 감추기 위해 또 다른 거짓말을 하게 된다. 그렇게 하지 않으면 앞뒤가 맞지 않게 되기 때문이다.

그 거짓말을 또 다른 거짓말로 감추게 되면 처음 했던 작은 거짓말은 엄청난 거짓말이 되어서 본인도 어디까지 갈지 모르게 된다.

이렇게 되면 처음에는 조리가 있었는데 점점 앞뒤가 맞지 않게 된다. 시작이 거짓말이었으므로 예견되었던 결과이다.

이 같은 일을 저지르는 사람이 적지 않다.

지금 바꾸려고 결심하면 운세도 바꿀 수 있는데 다음 기회에 하자고 연기해 버린다.

그리고 시간이 지나 그때 했으면 잘됐을 텐데 하고 후회한다. 사태가 그렇게 진전되리라는 것은 처음부터 알 수 있는 일이다.

알면서도 대처하지 않는 경우가 많다.

생각났을 때가 바로 행동해야 하는 때이다.

운명을 바꿀 기회는 항상 당신 곁에 다가와서 신호를 보낸다. 그럼에도 그 신호를 알아 볼 수 없거나 알아 봐도 움직이지 않으면 기회가 아무리 많이 와도 운명을 호전시킬 수 없을 것이다.

행운의 여신은
노력을 하는 사람에게만 날아든다

기회를 잡을지 못 잡을지는 그것을 받아들일 준비가 되어 있는지 여부에 달려 있다. 모처럼 온 기회도 그것을 받아들일 기반이 없으면 받을 수 없다.

그런 의미에서 기회를 눈앞에 두고 그대로 지나치면 안 된다.

인생에는 승부처가 반드시 있다. 일이나 인생에서 성공하는 사람은 필사적으로 승부처를 맞을 준비를 하여 확실히 행운을 붙잡는 사람이다.

인생에서 행운을 잡을 기회는 그리 많지 않다.

지금까지 한 번도 행운을 잡을 기회가 없었다고 하는 사람은 없을 것이다. 행운은 크건 작건 모든 사람들에게 다가온다.

그것을 잡을 수 있을지 없을지는 승부처를 확실히 인식해서 최선을 다할 수 있을지 여부에 달려 있다.

행운은 꿈을 이루기 위해 늘 준비하는 일꾼에게 주어지는 선물이다.

행운과 노력은 완전히 차원이 다르지만 늘 문을 열고 행운의 여신을 맞기 위해 노력하는 사람에게만 날아든다.

행운의 여신이 방문할 것으로 예정되어 있는 동안은 좋지만 어느 단계를 지나면 그 명단에서 제외된다.

왜냐하면 이 사람은 기회를 주어도 활용하지 않는다거나 행운이 필요 없는 사람이라고 인식되기 때문이다.

가장 중요한 것은
현세를 어떻게 살 것인가 하는 문제이다

전생을 알아내려고 지금 세계 각처에서 인도를 방문하는 사람이 끊이지 않고 있다. 더구나 선진국 사람들이 해마다 급속히 증가하고 있어 세계적으로 가치관이 변하는 것은 시간문제이다.

다만 그들은 자기의 전생을 알고 어찌할 작정인지 궁금하다.

물론 현재 당신들의 영혼에는 몇 천이나 되는 전생이 연결되어 있다. 그들이 지탱하고 있다고 해도 될 것이다.

그러나 자신이 수백 년 전에 왕이었다, 혹은 왕비였다, 그런 사실을 알고 어떻게 하겠다는 것이겠는가.

전생도 과거는 과거이다. 지나고 나면 두 번 다시 돌

아오지 않는 시간이다.

그 반면 전생을 과거, 현세를 지금, 내세를 미래라고 하면 당신은 얼마든지 수정할 수 있는 세계에서 살고 있다.

사람들의 영혼은 전생에서 윤회전생을 반복해 현세에 이르렀다.

당신은 현세에 살고 있다. 시간이 지나면 현세에서 내세로 떠나게 될 것이다.

지금 당신에게 가장 중요한 것은 현세를 어떻게 살 것인가 하는 문제이다. 그 이외에는 아무것도 없다.

그리고 윤회전생이란 육체가 소멸한 후 부활하는 것만은 아니다. 살아 있는 동안 정신적으로 혹은 내면적으로 완전히 부활해야 함도 의미한다.

전생을 바꿀 수는 없다.

그러나 현세와 미래의 끝인 내세는 바뀔 가능성이 있다.

현세를 변화시키면 그 영향으로 내세도 변한다.

행복

행복은 재산이나 지위와는

차원이 다른 것이다.

물질이 충분해서 느끼는 것은

동물의 차원이며

마음의 조화가 있어야

인간인 것이다.

〔1〕

어떠한 어려운 문제라도
대답은 이미 자기 자신이 갖고 있다

귀를 기울여 잘 들어 보라.

또 하나의 자신이 속삭이는 소리가 들린다.

겨우 들을 수 있을 정도의 속삭임이다.

인생 노정에서 고민할 때, 일이 잘 안 될 때, 사랑문제가 생겼을 때 가만히 의식의 밑바닥까지 잠겨보자.

꾸미지 않는 마음, 단순한 마음, 허세나 자존심을 버리고 순수한 마음에 귀를 기울이고 정신을 집중하면 지금 무엇을 해야 할지 영상을 통해 가르쳐준다.

영상은 시간을 초월해 우주의 끝까지 무한한 여행을 하고 온다. 어떠한 어려운 문제라도 대답은 이미 당신 안에 들어 있다.

중요한 것은 순조롭게 꺼내는 일이다. 정확히 흠이

안 나게 꺼낼 수 있는가 하는 점이 문제이다.

마음이 초조하거나 어수선한 가운데서는 들리지 않는다. 몸이 아플 때도 역시 들리지 않는다. '저에게 제일 좋은 일은 무엇일까요?' 하고 물어도 해답은 주어지지 않는다. 이해득실을 따져도 말을 안 해준다.

당신의 영혼이 성장하는 것을 가장 중요하게 생각하기 때문이다.

해답은 단기적으로 보면 어려운 결단이 되거나 손해나는 선택이 될지 모른다.

그러나 이 속삭임은 당신을 위한 것이다. 당신과 사회 혹은 우주와의 조화를 바라며 속삭이는 것이다.

그 속삭임은 자그마한 소리에 불과하다. 차분하고 침착하게 마음이 속삭이는 소리를 들으면 확실히 알게 된다.

또 하나의 자신이 하는 말이 들린다.

겨우 들을 수 있는 작은 소리로 이야기해 준다.

2

세상에 존재하는 모든 것은
뜻과 의미가 있다

우주에 존재하는 것에는 의미가 있고 의의가 있다.

우주에 무의미한 것은 전혀 없다.

모든 것이 무엇인가를 위해 관련을 맺고 존재하는 것
이다.

우주의 존재는 모두 신의 뜻에 의한 창조물이다.

생명체인지 아닌지는 문제가 되지 않는다. 모두 생명
을 지닌 입자로 이루어졌기 때문이다.

우주에는 비밀이 하나도 없다. 세상에 존재하는 것은
모두 뜻과 의미가 있다. 무의미한 것은 하나도 없다.

성공, 실패, 행복, 불행, 건강, 질병 등 모두 의미가
있다.

성공은 실패하고도 단념하지 않았던 것에 대한 보상

이다.

실패는 더 크게 성공하기 위해 신이 주시는 충고이다.

행복은 불행을 참아낸 당신에게 주시는 선물이다.

불행은 고통에 잠긴 사람들의 마음을 배우기 위한 훈련이다.

건강은 힘차게 인생을 개척하기 위한 에너지이다.

질병은 수고한 몸을 쉬라는 표시이다.

모든 것이 신의 배려이며 서로 관계를 맺고 존재한다.

안 좋은 일을 당하고 자포자기하면 그런 결과밖에 나오지 않는다.

당신의 행동은 당신 내부에 있는 것이 나타내는 것이다.

그것을 부정하거나 비판하거나 저항하지 말아야 한다.

모두 초월하면 된다.

초월함은 받아들인다는 것이다.

성공하면 성공을 받아들이고 실패하면 실패를 인정하고 행복과 불행, 건강과 질병도 담담히 수용해야 한다.

3

보답을 기대하지 않는 모습이
아름답다

'그만큼 해주었는데······.'

불성실한 상대를 비판하지 말아야 한다.

그렇게 하면 당신의 마음이 남에게 좌우되게 된다.

인생에는 2차 재해라는 것이 있다. 더구나 그것은 대
개 1차 재해보다 피해가 크다.

'이만큼 해주었는데 내가 어려울 때는 도와주지도 않
는다.'고 상대를 비판하지 말아야 한다.

도움을 받지 못한데다가 신경까지 소모한다면 엎친
데 덮친 격이다.

이러면 당신의 마음은 늘 남에게 좌우되게 된다.

당신은 능력이 있어서 남을 도와줄 수 있었다.

그 사람은 당신을 돕고 싶어도 그럴 여유가 없다.

그 점을 이해해야 한다.

보답을 기대하지 않는 모습이 아름답다.

주기만 하면 된다.

시간이든 지혜든 돈이든 줄 것이 있다면 멋진 일이다.

보통사람은 하고 싶어도 못 한다.

그런데 '일단 주었지만 돌려 달라.'고 하는 것은 처음부터 주지 않는 것이 낫다.

동정심은 투자가 아니다.

그런 인색한 마음으로는 행복을 잡을 수 없다.

'잊는다.'는 것도 귀중한 능력이다.

주고 잊어버리는 편이 더 행복하리라고 생각되지 않는가?

〔4〕
행복의 파랑새는
언제나 우리 주변에 있다

보물은 밖에서 찾아도 없다.

발밑에 있는 다이아몬드를 찾아야 한다.

눈앞에 있는 것을 똑바로 봐야 한다.

행복의 파랑새는 언제나 우리 주변에 있다.

옆집 잔디는 파랗고 싱싱해 보이지만 자기 집 마당에 있는 멋진 나무는 좀처럼 보이지 않는다.

예를 들어 지금 당신의 일이 동료들이 하는 일보다 보잘것없고 시시한 일이라고 여긴다면 큰 잘못이다.

보잘것없는 일이 기업의 이익에 이바지한다. 도움이 되는 한 하찮다고 할 수 없다.

하찮다고 할 수 있는 것은 아무리 돈을 많이 벌더라도 사람을 해치는 일뿐이다. 시시한 일이라는 것은 당신이 그렇게 생각함에 불과하다.

재미있는 일을 하고 싶다면 어떤 일이 재미있는지 주위 사람에게 확실히 설명할 수 있어야 한다.

당신이 재미있는 일을 담당하는 사람에게 확인해 보면 일이 재미있는 것이 아니라 그 사람이 일을 재밌게 만든다는 사실을 알게 될 것이다.

아이디어를 내고 궁리를 하는 한 일은 언제나 재미있다.

재미없는 이유는 아이디어를 내지도 궁리를 하지도 않기 때문이다. 일이 아니라 당신의 마음과 태도가 매너리즘에 빠졌기 때문이다.

보물은 밖에서 찾아도 없다.

발아래 떨어진 다이아몬드를 알아보라.

돌이라고 생각했는데 닦아보니까 100캐럿짜리 다이아몬드였더라 하는 일이 다반사이다.

자신의 지혜와 노력으로 다이아몬드를 닦아야 한다.

발밑을 확실히 봐야 한다.

주기만 하고 바라지 않을 때
인생의 참된 행복을 느끼게 된다

사람은 남의 도움이 없이 살 수 없다.

회사 사장도 자식의 교육은 학교 교사에게 의존할 수밖에 없다. 반면에 교사는 그 회사의 제품을 쓴다.

서로 잘하는 분야에서 이바지한다. 이것이 사회이다.

보답을 일절 바라지 않고 사명감과 주는 기쁨만을 보람으로 여기고 행동하는 사람도 있다.

선진사회에서는 봉사활동이 빈번한데 이는 경제적, 시간적 여유도 있어서이겠지만 정신문명이 높은 수준까지 발달했기 때문이라고 할 수 있을 것이다.

그들은 국가의 요청을 받고 하는 것이 아니라 자신의 자유의지로 남을 위해 정성을 들인다.

더구나 그 범위는 국내만이 아니고 여러 외국에도 이

르므로 인간 의식의 발달과 행위의 힘은 놀라운 것이다.

현대는 정신적인 만족이, 사는 보람이 된다.

아직 먹기 위해 사는 나라의 국민들도 있지만 먹고 살기 위해 일하는 수준을 넘은 사람이 점점 늘어날 것이다.

보답을 바라지 않는다, 주기만 하고 보답을 바라지 않을 때 사람은 가장 귀한 행복을 느낀다.

주고받는 것이 사람의 인생이지만 그들은 주기만 함으로써 행복을 받게 된다.

〔6〕

인생을
사랑으로 충만하게 해야 한다

평안한 마음을 갖고 싶으면 마음을 어지럽히는 행동이나 생각은 피해야 한다.

예를 들어 남이 갈 길을 막으면 질투심은 더더욱 심해질 뿐이다. 타인에게는 감출 수 있어도 자기 자신은 속일 수가 없다.

그 행동 때문에 자신의 질투심을 다시 확인하게 되기 때문이다.

의심하는 생활이 싫으면 사람을 철저히 믿으면 된다. 그리고 만에 하나 배신을 당했다고 해도 속인 상대도 속임을 당한 자신도 책망하지 말아야 한다. 지나간 일 때문에 마음을 어지럽혀서는 안 되기 때문이다.

사람을 원망해서 마음이 편해진다면 마음껏 원망하

면 된다. 사양할 필요는 없다.

그러나 미워하는 감정을 지닌 채 평안한 마음을 유지할 수는 없다.

사랑과 조화가 충만한 평화로운 세계에서 살고 싶으면 사랑과 조화가 충만한 생활을 하면 된다.

철저하게 웃고 인사하면서 살아야 한다.

'못 하겠다.', '안 되겠다.', '잘 안 된다.' 등 부정적인 말을 쓰지 말아야 한다.

적극적인 생활을 해나가야 한다. 무엇이든 도전해 보라.

특히 인생을 사랑으로 충만하게 해야 한다. 신과 사랑은 하나로 동일한 것이다.

사랑은 베푸는 기쁨이다. 자존심이나 이기주의, 그리고 냉정한 태도는 사랑에 방해가 된다.

어떤 종교를 믿는가 하는 것과 사랑은 본질적으로 관계가 없다.

〔7〕

마음이 조화로우면
삶은 좋은 쪽으로 순환하게 된다

현대는 마음의 시대이다.

사람은 돈이나 지위로는 만족할 수 없는 수준에 도달했다.

물질이 충분하다고 행복을 느끼는 시대는 아니다.

물질이 충분해서 행복을 느끼는 것은 동물의 차원이다.

동물에게 있어 빼앗는 것은 생존을 위한 당연한 행동이다.

그러나 인간은 베푸는 것이 생존의 조건이 되었다.

방법을 불문하고 빼앗기만 하는 사람들은 국제적으로도 비판의 대상이 된다.

유한한 자원을 고갈시키면서 환경이 악화되어도 아

무런 생각이 없다거나 자신이나 자기 주위만 좋아지면 된다고 생각한다면 인류는 가까운 장래에 파멸을 맞이할 것이라는 사실은 누구나 알 수 있다.

의식이 있는 사람들은 마음의 조화가 우리 사회에 어떤 기여를 할 수 있을지 진지하게 생각하기 시작했다. 마음이 조화롭다는 것은 양심에 부끄럽지 않은 선택을 하는 것을 의미한다.

인생의 기로에서 양심에 부끄럽지 않다는 것을 기준으로 판단한다면 당신의 마음은 분명히 조화롭게 될 것이다.

영격(靈格)이 높아진다고 말할 수 있을 것이다. 영격은 영혼의 인격을 말한다.

그리고 당신의 주위에는 당신과 비슷한 수준으로 마음이 조화된 사람들이 모인다.

이것은 당연한 일이다.

마음은 파동이므로 주파수가 맞아야 한다. 마음이 조화로우면 삶은 좋은 쪽으로 순환하게 된다.

마음이 조화로워야 사람이라고 할 수 있다.

8

우주 앞에서는 모두 평등하다

사람은 어려서부터 득실(得失), 선악(善惡), 미추(美醜)를 분명히 구별할 것을 배운다.

그 결과 사람들은 자신의 이익을 우선시하면서도, 아름다움을 사랑하고 올바른 것을 중시하는 정신을 키워 왔다.

그러나 우주 앞에서는 원래 구별도 차별도 없다.

악한 사람이나 선량한 사람이나 10층 건물 꼭대기에서 발을 헛디디면 떨어진다.

우주는 악한 사람만을 골라 떨어뜨리지는 않는다.

인간사회는 그렇지 않겠지만 우주는 어디까지나 공평하다. 따라서 미추와 득실의 구별도 없다.

미(美)는 좋고 추(醜)는 나쁘다고 하지 않는다.

아름다움을 사랑하지 않는 한편 추한 것을 미워하지

않는다.

우주 앞에서는 모두 평등하다.

베푸는 사람도 받는 사람도 평등하게 행복을 잡을 기회가 있다. 부자만이 행복해질 수 있는 것은 아니다. 우주에게 재산이나 지위 따위는 아무 상관이 없다.

그러므로 존재하는 것은 반드시 의미가 있다.

우주의 모든 존재에는 목적이 있다. 그 의미를 좀처럼 알지 못하는 것은 이해하려는 자세가 없기 때문이다.

사람들이 그 수준에까지 이르지 못했기 때문이다.

9

일생을 바쳐도 되겠다고
생각할 수 있는 일을
찾아야 한다

인간은 대단한 능력을 많이 지니고 있다.

그중에서도 인간의 적응력은 매우 뛰어난 것이다.

예를 들어 당신이 지금 하는 일에 싫증이 나서 이제 그만두고 싶다고 생각한다고 하자. 당신은 불평하면서도 그 일을 계속하고 있을 것이다.

이는 인간의 적응력이 자동적으로 그렇게 시키는 것이다. 물론 먹고살기 위해 어쩔 수 없이 한다는 점도 있지만 기본적으로는 적응력 때문이다.

그러나 아무리 적응력이 뛰어나다 해도 싫은 일을 계속하면 병이 나게 된다. 육체는 그 일에 적응했지만 마음은 싫다는 사인을 계속 내기 때문이다.

자율신경 실조증 등이 대표적인 예이다.

그런 병을 고치는 것은 쉽다. 일을 그만두는 순간 완치된다.

육체는 적응해도 마음이나 영혼이 즐거워하는지가 문제이다.

싫어하는 일을 계속할 만큼 인생은 길지 않다.

인생은 어려운 일, 힘든 일만을 계속해야 하는 수련장이 아니다. 즐겁게 살아야 할 곳이다.

일생을 바쳐도 되겠다고 생각할 수 있는 일을 찾아야 한다.

영혼이 기뻐하고 즐거워서 자신을 잊을 만한 일이어야 한다. 더구나 몸도 마음도 피곤하지 않아야 한다.

그런 일이야말로 당신이 세상에 태어나 해야 할 사명이다.

10

욕에 대하여 욕으로 대응하게 되면
상대와 같은 수준으로 떨어진다

남의 욕이나 비판을 즉시 들을 수 있다면 고맙게 생
각해야 한다. 보통은 거의 들리지 않기 때문이다.

욕을 들을 때 침착하고 객관적인 입장에서 솔직히 이
유를 따져보면 반드시 생각이 미치는 바가 있을 것이다.

욕을 들어도 순순히 이유를 생각하면 대응책을 세우
고 반성도 할 수 있다. 그러면 자신의 단점을 고칠 수 있
으므로 욕을 한 사람에게 고마워해야 할 지경이다.

욕이라는 것은 원래 질투와 동전의 앞뒷면과도 같은
관계이다.

즉 당신이 욕을 듣게 되었다면 그것은 당신이 일을
잘한다고 주위 사람들이 인정했다는 증거이다.

욕을 듣게 되면 '겨우 제구실을 하게 됐을까.' 하고

가슴을 펴야 한다.

당신을 높이 평가하기 때문에 천적처럼 욕하고 비판하는 사람들이 생기는 것이므로 자신감을 가져도 된다.

그렇게 생각하면 욕을 듣거나 비판을 받거나 진심으로 싱글벙글 웃으면서 감사할 수 있다.

욕에 대하여 욕으로 대응하게 되면 상대와 같은 수준으로 떨어지므로 조심해야 한다.

당신은 결코 남을 욕해서는 안 된다.

욕을 하지 않을 것, 남을 깔보지 않을 것, 이런 자세는 모두 가능성을 가진 인간에게 보이는 성의라고 생각한다.

마음을 다스리는 명상

1판1쇄 발행 ∥ 2014년 9월 25일

지은이 ∥ 인드라 초한
편역자 ∥ 장운갑
펴낸이 ∥ 김규현
펴낸곳 ∥ 경성라인
주　소 ∥ 경기도 고양시 일산동구 백석2동 1456-5
전　화 ∥ 031) 907-9702　　FAX ∥ 031) 907-9703
E-mail ∥ kyungsungline@hanmail.net
등　록 ∥ 1994년 1월 15일(제311-1994-000002호)

ISBN ∥ 978-89-5564-157-8 (03150)